Dieses Buch ist
HILDE STEIN VON ZOBELTITZ
gewidmet, die dem Autor in schwierigen Zeiten
nicht ohne Gefahr ihren Namen geliehen hat

I. TEIL

FRANZÖSISCH
WIE ES NICHT IM WÖRTERBUCH STEHT

Was nicht im Wörterbuch steht, das sind Dinge, die man auch dann nicht versteht, wenn man die richtige Übersetzung gefunden hat. Denn sehr oft bleibt selbst das passende Wort, wenn es nichts als Übersetzung ist, ein böhmisches Dorf. Auch derjenige, der sein Schulfranzösisch gut beherrscht, wird da oft ratlos, sozusagen am Ende seines Lateins sein.

Was nicht im Wörterbuch steht, das sind Sitten und Gebräuche, will sagen Unsitten und andere Bräuche, deren Erklärungen wir im Nachschlagebuch gar nicht suchen können, wenn sie überhaupt darin zu finden sind.

Was nicht im Wörterbuch steht, oder aber dort, wo der deutsche Frankreichbesucher es nicht sucht, das sind Mißverständnisse, oder deren Aufklärung, Mißverständnisse, die auf Grund von Fremdwörtern des deutschen Sprachgebrauchs erwachsen, die aus dem Französischen stammen. Der Irrtum entsteht fast immer durch die so naheliegende Annahme, daß ein aus dem Französischen kommendes Wort, das im Deutschen gebräuchlich ist, nun auch im Französischen genau das gleiche bedeuten müsse. Dies ist, von der Mehrzahl der übereinstimmenden militärischen Ausdrücke abgesehen, aber nur sehr selten der Fall. Denn den meisten dieser Wörter französischer Herkunft ist es so ergangen, wie den französischen Protestanten, die vor zwei oder mehr Jahrhunderten auf der Flucht vor den Religionsverfolgungen nach Preußen und anderen deutschen Gastländern emigriert waren. Sie haben ihre erzfranzösischen Namen beibehalten, was sie nicht hinderte, längst gute und zuverlässige Deutsche zu werden. Die in Frage kommenden Fremdwörter haben ein ähnliches Schicksal erfahren. Viele von ihnen sind zwar formal unverändert geblieben, andere wieder haben deutsche Formen angenommen, ohne ihre Abstammung zu verleugnen, die Mehrzahl von ihnen hat aber eine Verschiebung, wenn nicht gar eine völlige Veränderung ihres ursprünglichen Sinnes über sich ergehen lassen müssen. Sie sind zu guten deutschen Fremdwörtern geworden.

Daher die Notwendigkeit, sie, wie sonst jedes andere rein deutsche Wort auch, ins Französische zu übersetzen, oder aber es gibt eben Mißverständnisse.

Die Sinnesverschiebung der »emigrierten« Wörter ist eine in allen Sprachen bekannte Erscheinung, und die Ursache dafür ist zum großen Teil darin zu suchen, daß – wie im Falle, der uns hier beschäftigt – die französische Sprache, wie jeder lebende Körper und wie jede andere lebende Sprache auch, selbst unaufhörlich Veränderungen erlebt und dabei Sinnesänderungen vornimmt.

Ähnliches läßt sich, wie gesagt, bei allen europäischen Sprachen beobachten, bei denen eine wechselseitige Beeinflussung stattgefunden hat, und nicht zuletzt im Französischen selbst, wo viele deutsche Wörter fast unverändert beheimatet sind und – auch die stehen kaum im Wörterbuch und sollen uns ebenfalls beschäftigen – in der Regel ganz anders verwendet werden als im Deutschen.

SITTEN UND GEBRÄUCHE IM SPIEGEL DER SPRACHE

Dies alles in geordnetem Durcheinander, zuerst: Der Apéritif

Der Apéritif, der unser erstes Kapitel bildet, steht, obwohl er eine der vielen charakteristischen Erscheinungen des französischen Lebens ist, nur aus alphabetischen Gründen an erster Stelle.

Apéritif (l') nennt man jede Art alkoholischer Getränke, die man vor den beiden Hauptmahlzeiten des Tages zu sich nimmt. Es ist ein geheiligter Brauch Frankreichs, der in allen Gegenden und in allen Schichten des Volkes gehalten wird. Der Apéritifkonsum ist aber in den letzten Jahren stark gesunken, hohe Steuern haben die Preise derart in die Höhe getrieben, daß der »Mann der Straße« heute vielleicht nur noch einen Apéritif am Tage anstatt der zwei von früher trinkt. Volkstümlich wird er *apéro* genannt, was im Munde des Ausländers immer leicht komisch klingt. Apéritif kommt vom lateinischen »aperire«, öffnen; in der Medizin gibt es aperitive Mittel, die den Poren helfen sollen, sich den Flüssigkeiten des Körpers zu öffnen. Mag sein. Der Franzose aber denkt beim apéritif selten an seine Poren, sondern schlicht an den Alkohol, mit dem er den Abschluß der Arbeit feiert. Er genießt das stimmungsvolle Überleiten von den weniger erfreulichen Dingen zu den erfreulichen, zur heiligen Handlung des Tages, zur Mahlzeit. Es wird behauptet, der apéritif sei appetitanregend, also gesundheitsfördernd. Sicher ist, daß man in angeregter, guter Stimmung mehr Freude am Essen hat als etwa in gleichgültiger oder gedrückter. Vor allem hat es das selbst kurze Verweilen vor einem Glase an sich, das Tempo der Arbeit, des Beschäftigtseins zu ändern; man schaltet sozusagen auf einen anderen Gang um, und dies ist sicher gut für Essen und Verdauung. Es gibt französische Ärzte, die gegenteiliger Ansicht sind – auch sie trinken apéritif. Bleiben wir also dabei: Apéritif ist appetitanregend, wenn es sich um »ein« Glas handelt, mehrere Gläser aber nehmen den Appetit.

In der Regel werden Portweine und Wermuthe aller Arten getrunken, süße und bittere gemischt

à l'eau mit Wasser, oder

sec, »trocken«, d. h. »pur«, ohne Wasser.

Marken oder Namen aufzuzählen, ist unmöglich bei der Vielfalt an Farben und Nuancen, die die große Apéritif-Industrie auf den Markt bringt. Es gibt zwei große Apéritifgruppen. Bei der ersteren handelt es sich im wesentlichen um Erzeugnisse, die aus Weinen oder direkt aus Weintrauben gewonnen werden. Erwähnt sei aus dieser Gruppe nur der

Byrrh, eine Fabrikmarke leichten, süßen Apéritifs, weil Unerfahrene ihn leicht mit Bier verwechseln. Will man einen bitteren französischen Wermuth versüßen, so verlangt man ein paar Tropfen

Cassis, einen dicken Fruchtsaft aus schwarzen Johannisbeeren, den man mit Wasser gemischt trinken kann, was man allerdings dann den Kindern überläßt. Den süßeren italienischen Wermuths wird dagegen ein Stück Zitronenschale beigefügt, was man fachmännisch

un zeste (sprich: seste) nennt. Man beachte an diesem einen Beispiel, daß bitterer Wermuth versüßt und süßer herbe gemacht, noch lange nicht dasselbe sind. Alle Apéritifs auf Weinbasis werden, wenn man sie nicht pur trinkt, mit Sodawasser gemischt,

(le) siphon genannt, nach der Flasche, aus der es mit einem Hahn herausgespritzt wird. Dieser Siphon und ein Kübel mit Eis-

stückchen werden vom Wirt gratis zum Apéritif geliefert, wohlgemerkt nur zum Apéritif. Die Siphonflaschen warten zur Apéritifstunde bereits auf den leeren Tischen. Sodawassertrinker, die auf den Apéritif verzichten, sind nicht gern gesehen. Sie sollten lieber *un quart Perrier*, eine kleine Flasche Mineralwasser bestellen, dessen Preis allerdings fast dem eines Apéritifs entspricht. Der Franzose, besonders der Pariser, versteht überhaupt nicht, wie man reines Wasser trinken kann. Das hat seine Gründe. Um die Jahrhundertwende bekamen die Pariser chemisch gereinigtes Trinkwasser flaschenweise ins Haus geliefert, so sehr bazillenreich war ihr »Quellwasser«; in den Krankheitsannalen von Paris sind Typhusepidemien an der Tagesordnung gewesen. Heute noch werden zwei Drittel des Pariser Trinkwassers aus den vielfach durch Fabriken verschmutzten Flüssen gewonnen, das allerdings erst nach moderner chemischer Reinigung in die Wohnungsleitungen gelangt. Unbelehrbare Wassertrinker im Café haben Mineralwässer zu bestellen oder zu verdursten. Die unverhältnismäßig hohen Preise, die sie für ihre Nüchternheit zu bezahlen haben, sind eine von allen Kreisen des Volkes als gerecht empfundene Strafe. Neben den erwähnten alkoholschwachen Apéritifs beherrschen dann, und dies ist die zweite Hauptgruppe, die verschiedenen Arten von

Pernod, die Apéritifstunde Frankreichs. Obwohl Pernod der Name des Erzeugers ist, hat dieser längst Allgemeinbedeutung angenommen. Es ist ein Ersatz des seit 1915 verbotenen

absinthe, also ein, früher aus Absinthpflanzen, jetzt auf der Basis von Anis erzeugtes Getränk mit mindestens 40 % Alkohol, das es dann in verschiedenen Abstufungen der Farben und des Alkoholgehaltes gibt und dessen gesetzlich oberste Grenze mit 60 % festgelegt ist. Zu dieser Familie gehören auch der Pastis und der Ricard.

Den »einfachen« Pernod, den man immer serviert bekommt, wenn man nichts weiter dazu sagt, spürt man bereits beim zweiten Glase. Pernod wird nie »sec« getrunken, dafür aber mit Wasser ohne Kohlensäure, und gelegentlich mit Eis gemischt. Kenner nehmen nur Eis, und sehen dann in freudiger Erwartung zu, wie das Eis den gelbgrünen, klaren Glasinhalt langsam in eine milchige Flüssigkeit gleicher, aber hellerer Farbe verwandelt. Man muß schon eine besondere Neigung für den Pernod haben, um den Geschmack der Zahncreme, der vom Anis kommt, als reizvoll empfinden zu können. Die alkoholreicheren Pernods wurden, ganz raffiniert, langsam über einen siebartigen Löffel gegossen, auf dem dabei ein Stück Zucker zergeht, um das konzentrierte Bitter dieses Getränks zu verdünnen. Sinn dieser mit besonderer Andacht abgehaltenen Handlung war, gewalttätiges Herumrühren mit einem Löffel im Glase zu vermeiden.

In diesem Zusammenhang sei noch erwähnt, daß die tief grasgrüne

menthe verte (la) Pfefferminzlikör, der trocken, oder als

menthe à l'eau mit gewöhnlichem Wasser vermischt, getrunken wird, trotz dem Zahnwassergeschmack nichts mit dem edlen Pernod zu tun hat, vor allem schon, weil er fast keinen Alko-

hol enthält. Die Auswahl, die es auch auf diesem Gebiet gibt, ist groß, wir überlassen ihr Studium den Pfefferminzforschern.

Bezüglich der anderen buntfarbigen Flaschen, die die Regale selbst der bescheidensten französischen Theke schmücken, nur dies Allgemeine: es sind Fruchtsäfte, die im Grunde nur dazu dienen, dem reinen Wasser, das dem Franzosen wirklich ein Greuel zu sein scheint, in einer sehr persönlichen Weise Geschmack und Farbe zu verleihen. Man bilde sich also nicht ein, daß etwa ein

Vichy fraises, ein Glas Vichywasser mit Erdbeersaft, oder ein

Vittel cerises, ein Glas Vittelwasser (ohne Kohlensäure) mit Kirschsaft oder sonst eine der endlosen Kombinationen individueller Phantasie Modegetränke oder gesundheitsfördernd seien. Sie schmecken im besten Falle gut und sind poetische Erfrischungsgetränke, die nüchtern halten, wie auch die

jus de fruits, Fruchtsäfte. Als Nachtrag zu den »starken« Apéritifen sind noch zu erwähnen:

un mandarin, ein, wie der Name andeutet, aus Mandarinen und bitteren Kräutern gebrauter und ebenso schmeckender Alkoholtrank, der nie sec und fast immer mit einem Schuß

Curaçao und recht viel Eis versehen, getrunken wird. Ebenfalls mit Curaçao gemischt, wird der

Picon, geheimnisvoll aus Bitterkräutern hergestellt, »eingenommen«. Diese beiden Getränke und ihre Spielarten sind besonders verräterisch, weil sie zwar leicht bitter, aber harmlos schmecken. Ihre Rolle ist es, Liebhabern von kräftigen Apéritifen, die auf Zahnwasser nicht richtig reagieren, Ersatz zu bieten und auf diese Weise – da man ja mehr als ein Glas trinkt, wenn man in Schwung ist – den Appetit zu verderben. Es muß erwähnt werden, daß der einfache Mann, aus Sparsam- wie aus Enthaltsamkeit

un coup de rouge als Apéritif trinkt, ein Glas Rotwein, auf gut deutsch: einen Schoppen. Dieses letztere Wort ist ins Französische in der Form von

une chope übergegangen, nicht häufig gebraucht, aber jedermann als ein Biermaß bekannt. Viel gebräuchlicher ist die daraus abgeleitete

chopine, worunter man einen halben Liter offenen Weins versteht, das Normalmaß, das jeder Franzose zum Essen zu sich nimmt. Zu den nach dem ersten Weltkrieg eingerissenen Unsitten gehört, daß die französische Jugend begüterter Klassen in der geheiligten Apéritifstunde zusammengebrautes Alkoholzeug trinkt, das man in den teuren Bars unter dem Namen

cocktail serviert bekommt. Die für den französischen Gaumen widernatürlichen Mischungen, die hier vollbracht werden, gelten als Zeichen der Entartung. Nur ganz wenige, klassische Mischungen, die heute Weltgeltung haben, wurden auch von Franzosen älteren Jahrgangs »adoptiert«. Da der Franzose beim Trinken auch an seinen Magen denkt, was man nach den vorstehenden kurzen Ausführungen nicht glauben würde, empfindet er das willkürliche Zusammenmischen, das nicht ehrwürdiger Erfahrung, sondern der Phantasie irgendeines anglomanen Barmixers entspringt, nicht nur als abscheulich, sondern auch als ungesund. Ob die Entdeckung französischer Sprachforscher richtig ist, nach welcher das englische Wort cocktail aus dem französischen

coquetier, Eierbecher, kommt, soll hier nicht entschieden werden; dieser Legende zufolge hat der anonyme Erfinder des cocktails eines Tages seinen Jagdgästen aus Mangel an Gläsern gemischte Schnäpse in solchen coquetiers servieren lassen. Ein anderes Sakrileg, an dem der Franzose den »barbarischen« Ausländer jeder Nationalität erkennt, ist es, nach der Mahlzeit sich am Apéritif zu vergreifen. Nach der Mahlzeit trinkt man einen

digestif, einen »Verdauer« (von digérer = verdauen) d. h. jede Art von Likör und auch von Schnaps. Die Nachkriegsjahre haben durch anglo-amerikanischen Einfluß einen erhöhten Whiskyverbrauch mit sich gebracht. Wenn Sie den Ausdruck »Whisky à gogo« lesen, heißt es, daß Sie dort Ihre eigene Flasche Whisky haben, die Sie bei jedem Besuch vorgesetzt bekommen, bis sie leer ist.

Das Bier

La bière, das Bier, ist in Frankreich ein relativ trauriges Kapitel. Wir wollen es hier also kurzhalten und nur darauf hinweisen, daß dafür der Wein eines der erfreulichsten Kapitel bildet, das mit einer einzigen Seite nicht erschöpft werden kann und über das, mit Recht, ungezählte gescheite Bücher geschrieben wurden und noch geschrieben werden müssen ...

Es sei hier also nur gesagt, daß in Frankreich recht viel Bier getrunken wird und daß, in Anbetracht der geringen Meinung, die der Franzose vom Bier hat, sogar enorm viel getrunken wird. (Natürlich nicht soviel wie z. B. in Belgien, das keinen eigenen Weinbau hat und – wohl auch heute noch – den größten Bierkonsum in der Welt aufweist.) Was diesen großen Bierkonsum in Frankreich aber paradox erscheinen läßt, ist der Umstand, daß die mäßige Qualität des französischen Bieres die geringe Schätzung für das Bier verständlich machen würde. Beweis dafür ist die große Zahl ausländischer und hauptsächlich deutscher Biere, die es in Frankreich gibt, ferner der Umstand, daß die anständigen Biere aus dem Elsaß kommen. Ob das am Pariser Wasser liegt?

Für Bierdurstige, die zwischen Frankreich und Belgien hin- und herreisen, ist es wichtig, folgende Unterschiede zu beachten: das normale Maß für ein Glas Bier ist in beiden Ländern

un demi, zu deutsch »ein Halbes«, was ursprünglich wohl die Hälfte eines Liters bedeutete, längst aber nur drei Zehntel enthält. In Frankreich bestellt man bloß:

un demi und bekommt, falls man nicht eines der deutschen Biere oder eine bestimmte einheimische Marke verlangt, eines der landläufigen Biere. Was den

bock betrifft, ist es nun höchste Zeit, dem Biertrinker aus Mitteleuropa mitzuteilen, daß dieses Bier sowohl in Frankreich als auch in Belgien nicht die geringste Verwandtschaft mit dem deutschen dunklen Bockbier hat. In Frankreich ist

un bock ein Maß, das man sich in Bierländern nicht vorstellen kann, bevor man es nicht gesehen hat. Es ist nämlich die Hälfte eines französischen »demis«, das an sich ja schon nur etwa die Hälfte eines deutschen »Halben« darstellt. Dieses armselige Quantum, das bei einem Münchener nicht einmal dazu ausreichen würde, einen einzigen anständigen Schluck zu tun, hat folgende geschichtliche Ursachen: als vor dem Kriege 1870/71 deutsche Bierbrauer das Bockbier in Frankreich bekannt machen wollten, waren sie auf die sehr richtige Idee verfallen, dieses dickflüssige, dunkle Getränk dem mißtrauischen Franzosen in möglichst kleinen Kostproben vorzusetzen. Man servierte es also in, dem Franzosen vertrauten, runden Weingläsern. Das Bockbier ist in Frankreich zwar trotzdem nie populär geworden, wohl aber der Genuß von Bier selbst. Nur der Name »Bock« ist geblieben, ebenso wie dieses Fingerhutmaß, das vom Pariser wegen seiner runden Form, familiär auch

un ballon genannt wird. Bei der Gelegenheit sei erwähnt, daß ein »Helles« als

un demi blonde bestellt wird und

un demi brune ein »Dunkles« heißt. Um Anfragen zu vermeiden: – die Anomalie, daß hier »blonde« und »brune«, also Eigenschaftswörter mit weiblichen Endungen an das Wort »demi«, das männlich ist, gehängt werden, erklärt sich aus der volkstümlich gewordenen Abkürzung von »un demi de bière blonde (brune)«. Denn Bier ist im Französischen weiblich.

Es soll in diesem Zusammenhang endlich nicht verschweigen

werden, daß es die Franzosen sind, die das

panaché erfunden haben. Was das ist? Französisches Bier mit Limonade vermischt. Die Nuancen, auf die der Schöpfer dieses Getränkes gekommen ist, bewegen sich zwischen einem Drittel Bier und zwei Drittel Limonade bis zu vier Fünftel Bier und einem Schuß Limonade. Überflüssig zu sagen, daß es neben einem »Bock« auch ein »demi« Panaché gibt. Dieses Gebräu entspricht sehr entfernt der »Berliner Weiße mit Schuß«, wir also besonders an heißen Tagen als Erfrischung bevorzugt, weil es nicht schwer ist.

Die Einstellung zum Bier ist wohl durch einen Trugschluß zu erklären. Weil der Wein, was jedes Kind in Frankreich weiß, schon von der Rebe an unendliche Pflege, eine kenntnisreiche Sorgfalt verlangt, die im Verlauf ungezählter Generationen zum nationalen Schatz geworden ist, nimmt der Franzose unbedenklich an, daß Bier, bloß weil es in Fabriken hergestellt wird, nicht besonders gepflegt zu werden braucht. An diesem traurigen Punkte sei vermerkt, daß

la mise en bière nicht etwa »Einfüllen von Bier« heißt, sondern im Gegenteil leider die Einsargung, da

la bière auch Totenbahre oder Sarg bedeutet.

Das französische bière = Bier kommt, wie das Erzeugnis selbst aus Deutschland. Die französische Aussprache, die ein e zur Dehnung des i nicht kennt, hat das Wort bi èr(e) geschaffen, genauso wie mit der gleichen Prozedur aus Wien = Vi enne geworden ist.

Ce n'est pas de la petite bière (wörtl. es ist kein kleines Bier) es darf nicht unterschätzt werden.

Rund um das Wort Hotel

Hôtel muß nicht immer eine Unterkunft für Reisende sein, man versteht auch das vornehme Privathaus (le palais) darunter.

Im 18. Jahrhundert besaß alles, was bei Hof verkehrte, sein Hôtel, und dieses trug dann natürlich den Namen seines Besitzers. Vornehme Reisende stiegen nicht in den Herbergen ab – aus welchem deutschen Wort das noch heute gültige französische Wort

auberge, wie aus beherbergen

héberger wurde –, sondern bei den ihnen befreundeten adligen Familien. Im späteren Verlauf nahmen die höher entwickelten auberges die Gewohnheit an, große Adelsnamen auf ihr Schild zu setzen und dann noch später die Wappentiere und sonstigen Embleme. Seitdem das reiche Bürgertum ebenfalls palaisartige Privathäuser besitzt, ist das

hôtel particulier zu einem noch heute gebräuchlichen Begriff geworden. Daneben behielten historische Privathäuser, auch wenn sie nicht von den gleichen Familien bewohnt werden, ihren ursprünglichen Namen.

Daß der oberste Diener, der in einem vornehmen Privathaus die Tafelbedienung dirigiert,

maître d'hôtel heißt, wird aus diesem Zusammenhang ohne weiteres erklärlich. In den sehr guten Restaurants nennt man die Oberkellner gleichfalls maître d'hôtel. So versteht man, daß die anderen Kellner

garçon (s) (Junge) heißen, auch wenn sie graue Haare haben, und niemals soll man einen solchen »garçon« mit Monsieur anreden und »monsieur le garçon« macht die Sache auch nicht besser.

Die Kellnerin heißt aber nicht

garçonne, dies war eine nicht akademische Bezeichnung für junge Mädchen mit Männerallüren – sondern

la serveuse, wörtlich Bedienerin. Man redet sie einfach mit »mademoiselle« an, oder mit »madame«, je nachdem. Eine

servante ist dagegen eine Hausangestellte, die man, Gott allein weiß warum, eine

bonne nennt, wörtlich: eine »Gute«, von »bonne à tout faire«,

Mädchen für alles, und im geringschätzigen Ton
bonniche.
Hôtel de ville ist das Rathaus in größeren französischen Städten, während es in kleinen Orten und Dörfern
la mairie heißt, weil der Bürgermeister
le maire dort seinen Sitz hat, der seinen Namen, genau wie der deutsche Meier vom lateinischen major, der Ältere, also der Dorfälteste, herbezieht. In den kleineren Gemeinden des französischen Teils Belgiens und in den Brüsseler Gemeinden sagt man dagegen
maison communale das Gemeindehaus, und nur das berühmte große Rathaus von Brüssel und die Rathäuser in den großen Städten Hôtel de ville. Und weil wir schon dabei sind: der flämisch-germanische Einfluß hat in den letztgenannten Gegenden aus dem maire den
bourgmestre, gemacht, unser Wort Bürgermeister, und aus den Stadträten
échevins, welches wieder auf das germanische Schöffen zurückzuführen ist. In Frankreich heißen diese Männer
conseillers municipaux und ein einzelner
conseiller municipal.
Le conseil municipal ist die Ratsversammlung, in Dörfern ebenso wie in Paris selbst; dagegen betitelt die französische Hauptstadt ihren Oberbürgermeister nicht maire, sondern
président du conseil municipal. Die Bezirksbürgermeister von Paris müssen sich mit dem einfachen »monsieur le maire« begnügen.
Hôtel des ventes, Salle des ventes ist das offizielle Auktionshaus,
Hôtel-Dieu nicht ein Gotteshaus in unserem Sinne, sondern der aus dem Mittelalter stammende fast allgemeine Name des wichtigsten Krankenhauses einer Stadt.
Hôtel des Monnaies oder kurz
la Monnaie ist die Münze. In Brüssel heißt die königliche Oper

»La Monnaie«, weil sich das Münzamt an diesem Ort befunden hatte. Es ist wichtig zu wissen, daß

la monnaie (aber klein geschrieben) Kleingeld heißt und Geld im Laden oder Restaurant wechseln

faire de la monnaie, wogegen Devisentausch

changer heißt. Man kann auch die Ausdrücke vertauschen, aber es ist falsch.

Change heißt, wie Sie auch ohne uns schon bemerkt haben dürften, Geldwechsel.

Das Café

Das Charakteristische des französischen und insbesondere des Pariser Cafés,

café genannt, ist das Terrassenleben. Als Folge davon sind auch die großen alten Cafés innen verhältnismäßig klein, von einigen Ausnahmen abgesehen. Das eher milde Klima von Paris, das zwar viel Regen, aber nur selten strenge Winter kennt, ermöglicht mindestens sechs und mitunter acht Monate friedliche Existenz auf den Terrassen. Im Winter haben die meisten Lokale überdachte und mit Fenstern versehene Schutzwände, manche auch dicke, feuerfeste Bastteppiche und ausnahmslos alle die verschiedensten Arten von Beheizung. Den alten Glutofen

brasero gibt es in Paris nur mehr bei Straßenarbeiten.

Ein anderes Merkmal des Pariser Caféhauses ist die Enge, die nicht nur in seinem Inneren, sondern auch auf den Terrassen herrscht. Die kleinen Tische, die

un guéridon heißen, wenn sie nur ein Bein haben, stehen dicht aneinandergereiht, auf den Terrassen von meistens unbequemen Stühlen umgeben, eine Reihe eng an der anderen, so daß, wenn sich Café oder Terrassen füllen, kaum ein Stuhl in den zum Gehen bestimmten schmalen Gang gestellt werden kann, und Kellner und Gäste nur durch Zwängen, Schieben und andere

Arten von Gymnastik, von oder zu ihren Plätzen gelangen können, wobei immer zwei Drittel der Sitzenden belästigt werden, und zwar dauernd. Einem uralten französischen Brauch folgend, stehen die Wände entlang oft Bänke, die immer mehreren Tischen gleichzeitig als Sitzgelegenheit dienen. Die Folge davon ist, daß durch das ewige Auf und Ab während der stark besuchten Stunden (Apéritifzeit = von 11 bis 13 und 18 bis 20 Uhr), die eine solche Bank zu verzeichnen hat, der einzelne von der Lebenslust der Kollektivität, die sich in seiner Nachbarschaft bemerkbar macht, immerfort Nachricht erhält. Aber der Wirt, kurz

(le) patron genannt (und nicht: Monsieur le patron) steht auf dem Standpunkt, daß man ja ins Café hauptsächlich deshalb gehe, um etwas zu sehen, Leute zu treffen und überhaupt Leben zu verspüren. Auf diesen Bänken verspürt man's gehörig. Im übrigen gehören schlechte Lüftung, Mangel an Platz oder an körperlicher Bequemlichkeit nicht zu den Dingen, die den Franzosen besonders stören oder der Masse auffallen. Man ist versucht zu denken, daß die Tradition des guten Essens, der vielen guten Weine und Alkohole über das französische Leben einen dauernden Dunst von Wohlbehagen ausbreiten muß, der nach

allen Seiten hin, wo sich kleine Unannehmlichkeiten zeigen, beschwichtigend wirkt. Trotz seiner schnell reagierenden Nerven ist der Franzose, in seiner Mehrheit, ein ausgeglichener Mensch.

Der Mangel an Raum ist seit Jahrhunderten die chronische Plage von Paris, daher kommt es, daß die Bauplätze und die Mieten im Stadtinneren furchtbar teuer sind, was sich dann eben in allem und jedem, und schließlich auch in den täglichen Lebensgewohnheiten ausdrückt. In der Provinz ist es damit etwas besser bestellt, wodurch gerade die öffentlichen Lokale einen gemütlicheren und dem Charakter der Provinz entsprechend friedlicheren Anblick bieten.

Daß die bereits erwähnte Bank als Symbol der französischen Geselligkeit gelten darf, geht auch daraus hervor, daß diese

banquettes, die es auch in den Restaurants gibt, den Begriff

le banquet das Festessen, geschaffen haben; die Leute saßen und sitzen heute noch auf langen Bänken rings um den Tisch. Das deutsche Bankett kommt selbstredend von banquet.

Eine

brasserie ist eigentlich eine Art Brauhaus (wörtlich: Brauerei); meist nennt sich jedes zweite größere Café so oder

Café-brasserie, um anzuzeigen, daß es auch Essen, Wein und Bierausschank gibt. Kleine Café- oder Weinkneipen, und auch Eßkneipen, nennt man im volkstümlichen Französisch

un bistro (t). Die enorme Anzahl, die es von ihnen besonders in den Städten gibt, soll auf den Wunsch jedes französischen Kellners zurückgehen, sein eigener Herr zu sein. In Verbindung mit den meisten bistrots gibt es dann das

bureau de tabac, den behördlich konzessionierten Tabakverkauf. In Frankreich ist der Tabak Staatsregie, alle Rauchwaren werden also ausschließlich vom Staat erzeugt und dürfen nur in einem solchen bureau de tabac verkauft werden; die Konzession wurde früher nur im Zusammenhang mit einer solchen zum Ausschank von Spirituosen vergeben. (So erklärt es sich auch, daß oft ein großes, sehr besuchtes Lokal offiziell keine Rauchwaren verkauft, während man diese ein paar Schritte weiter in einer winzigen Kneipe erhalten kann.) Diese bureaux de tabac sind übrigens verpflichtet, Briefmarken zu führen. Der amtliche Titel dieser kleinen Kneipen ist

(un) débit de boissons Getränkeausschank. (Eine Destille?) Diese kleinen Lokale kennt man unter verschiedenen Bezeichnungen: in Belgien unter

un estaminet z. B., ursprünglich ein Lokal, in dem geraucht wird (als das lasterhafte Rauchen noch auf gewisse öffentliche Lokale mit polizeilicher Erlaubnis beschränkt war). Heute ist es ein im Norden von Frankreich gebräuchlicher Ausdruck für Kneipe. Dasselbe ist

une taverne, eine Bezeichnung, die ebenfalls in Belgien heimisch ist. Auch das

cabaret ist – wie auf Seite 39 dieses Buches ausgeführt wird – wieder nur ein anderer Name für Kneipe. Allenfalls kann man

un petit café sagen, wenn einem Volksausdrücke nicht liegen. Selten bekommt man in diesen Kneipen warmes Essen, es sei denn, ein solches bistrot nennt sich Restaurant. Dagegen werden die Bezeichnungen estaminet, taverne und cabaret immer wieder von neuen, eleganten Restaurants aufgegriffen und in Verbindung mit einem klingenden Namen aufs Schild gesetzt, was dann

un endroit chic, ein schickes Lokal,

un restaurant en vogue, ein Restaurant, das in Mode ist, ergibt. In den kleinen Kneipen aber, in denen es oft kaum mehr als vier Tischchen gibt, spielt

le zinc, (sprich: säng), vom deutschen Zink, die Hauptrolle. Es ist die mit Zink belegte Theke, vulgo Bar. Sie bildet das kaufmännisch wichtigste Element des Lokals, denn die Gäste, die stehend an dieser Theke lehnen, könnten in den meist engen Räumen sitzend niemals Platz finden. Diese zincs gibt es auch in den meisten großen Cafés und Brasserien und dann oft von monumentalem Ausmaß. Alle Getränke, die da stehend genossen werden, sind zumindest um ein Drittel billiger als am Tisch serviert. Von der Preisfrage abgesehen (man gibt am zinc auch entsprechend kleinere Trinkgelder) hat dieser sehr volkstüm-

liche Brauch noch eine sehr wertvolle praktische Seite für Wirt und Gast: Daß man rasch bedient wird, rasch trinken und bald gehen kann... wenn man will. Für den Wirt, besonders wenn er ein kleines Lokal hat, steigert sich auf diese Weise der Umsatz beträchtlich. Es hat sich aber der Brauch herausgebildet, vor allem in den bistrots der äußeren volksreichen Bezirke und in der Provinz, daß man zu einem Plausch mit dem Wirt oder mit dem danebenstehenden Nachbarn – aber nur in den verkehrsschwachen Stunden –, an solche Theken gelehnt, ausgedehnte Strecken durchsteht. Es ist unvorstellbar, was da in Frankreich zusammengestanden wird. In deutschen Lokalen können es die Leute sitzend nicht so lange aushalten und bestimmt wird in den wenigen deutschen Stehbierhallen nicht so lange gestanden wie in den französischen bistrots. Man versteht das erst, wenn man sich z. B. daran erinnert, daß die Orientalen sich nur ausruhen, wenn sie stundenlang auf ihren untergeschlagenen Beinen hocken, während unsereins schon nach einigen Minuten einer solchen »Ruhestellung« den Krampf bekommt. Es ist eben alles Übung. Die modernen zincs haben, um das Stehen angenehmer zu machen, in Fußhöhe solide Querstangen angebracht, die der häufig geschwungenen, ovalen Form der Theke entlang gehen (der Ausdruck für das Sichanpassen an eine Form heißt französisch übrigens: épouser une forme, und épouser bedeutet heiraten . . .) auf welche Querstangen die unentwegten Steher, ähnlich wie Pferde, die sich durch Fußwechsel stehend ausruhen, abwechselnd ihre müden Füße stellen können. Am zinc kann man nicht sitzen, schon, weil dieser Brusthöhe erreicht. Wenn es hohe Barhocker gibt, dann ist es bereits eine Bar, früher auch

bar américain genannt, und meist ohne Zinkbeschlag; dort gibt es dann auch Cocktails und auf alle Fälle gesalzene Preise. Am populären zinc wird alles ausgeschenkt, Kaffee ebenso wie Bier, Apéritif und Wein, auch glasweise, den der Mann aus dem Volk als

coup de rouge, bestellt, wenn er Rotwein will und als

coup de blanc wenn ihm nach Weißwein ist. (Un) coup nicht mit

une coupe, zu verwechseln, wie man kurz ein Glas Champagner nennt, das man zumeist (wenn auch nicht von edler Sorte) an den besseren zincs haben kann. (Un coup will hier sagen: Stoß, Schuß, Schluck). Auch mittlere, anständige Bordeauxsorten werden am zinc verabreicht, was dann als

un petit bordeaux rouge oder *blanc* bestellt und auch in kleineren Gläsern serviert wird. Für einen solchen »coup de rouge« oder einen »petit bordeaux blanc«, der auch stehend nie »gekippt«, sondern in kleinen Schlucken genossen wird, gibt es beim Franzosen, der seine Trink- und Essenszeiten sonst streng einhält, keine bestimmten Regeln. Man genehmigt sich ein Glas schon frühmorgens, wenn man

matinal, Frühaufsteher ist, besonders also Fuhrwerkleute, Arbeiter oder Kaufleute, die beruflich unterwegs sind, am späten Vormittag, dann zur Kaffeezeit und nachher erst recht regellos. Das heißt aber nicht »trinken«. Der Franzose sagte dazu:

ça tue les vers = das tötet die Würmer. Wein ist für den Franzosen nicht Alkohol, es ist eine Art Volksnahrung, die tägliche, immer gegenwärtige Erinnerung daran, daß er Sohn eines großen Weinlandes ist. Es soll kein Paradoxon sein, wenn die Behauptung aufgestellt wird, daß gerade der regelmäßige, für unsere Begriffe reichliche Weingenuß, aus dem Franzosen einen im Grunde nüchternen Menschen macht, der sich vergleichsweise viel weniger und seltener betrinkt als vor allem Völker des Nordens, die viel Nebel und keinen heimischen Wein haben. (In den französischen Knabeninternaten bekamen früher die zehnjährigen Jungens zu den Hauptmahlzeiten täglich ein Glas Rotwein.) Dafür aber gibt es viele Leberkranke, was vom Trinken, und vor allem vom Rotwein kommt. Ein Blick in die Zeitungsanzeigen klärt darüber auf: die Zahl der angepriesenen Heilmittel gegen Leberkrankheiten ist ungewöhnlich groß, mindestens so groß wie die der Apéritife. Vielleicht erklärt sich auch daraus die in allen Schichten des Volkes verbreitete Gewohnheit, ständig Kräutertee zu trinken, den man im allgemeinen als

(une) tisane, wörtlich: Arzneitrank, bezeichnet, und von denen es auch in den Lokalen eine große Auswahl gibt; oder der Umstand, daß man den Kräuterladen, die

herboristerie, (von herbe = das Kraut) nirgends so zahlreich antreffen kann wie in den französischen Städten. Gewiß spielt dabei die enge Verbundenheit des Städters mit dem bäuerlichen Hinterland, die sich in Paris auf vielen Gebieten zeigt (Kenntnis der Weine, Gemüse, Salate etc.), auch eine Rolle. In den Lokalen bestellt man *une infusion*, einen Aufguß, und sagt dann das gewünschte Kraut dazu, von dem fast überall vier bis fünf Sorten vorrätig sind. Die häufigsten sind:

Tilleul, menthe Lindenblüten, Pfefferminz,

verveine, camomille Eisenkraut, Kamillen, häufig auch gemischt. Die Hälfte aller Franzosen, die etwa das vierzigste Lebensjahr erreicht haben, trinkt abends vor dem Schlafengehen irgendeine tisane. (Volksweisheit eines Weinlandes!) Unter

(l') alcool, Alkohol, versteht der Franzose, was man in Deutschland unter Spirituosen zusammenfaßt, und obwohl die französischen Schnäpse und Liköre Weltruf haben, ist der Franzose in deren Genuß recht mäßig. Er nimmt Alkohole nur nach dem Essen, als letzten aromatischen Abschluß und um die Verdauung anzuregen, weshalb die meisten Liköre auch entschuldigend als

digestif, Verdauungsmittel, angesprochen werden. Dieser vergleichsweisen Mäßigkeit mag es auch zuzuschreiben sein, daß in Frankreich, wie übrigens in allen lateinischen Ländern mit hohem Weingenuß, Anti-Alkoholbewegungen, weil sie nie wirklich öffentlichen Bedürfnissen entsprangen, nie populär werden konnten. Auch hier hat der Weingenuß von Kindheit an ein gesundes Gleichgewicht geschaffen; das behaupten wenigstens französische Kenner dieses die Volksgesundheit berührenden Problems.

An den zincs kann manchmal der Ausländer, der ja nur schwer und höchst selten mit dem Leben der französischen Familie in Kontakt kommt, die so französische Sitte des

café arrosé beobachten; dieser »begossene Kaffee« ist nichts anderes als schwarzer Kaffee mit einem Schuß Alkohol, der zumeist Rum oder irgendein Fruchtschnaps ist.

In besseren Lokalen und nach üppigen Mahlzeiten wird, wie gesagt, das Gläschen Alkohol meist ungemischt zum schwarzen Kaffee genommen. Dies ist dann ein »pousse-café« »Kaffeestoßer« ... Cognac nennt man hauptsächlich in Paris

une fine, und die

fine maison ist ein markenloser Cognac, den jeder Wirt aus privaten Quellen bezieht und der, je nach dem Lokal, mitunter besonders gut sein kann, aber nicht sein muß. Die Tradition Alkoholika und alles, was sich sonst trinken läßt, vor den Augen des Gastes zu servieren, geht auf gute und auf schlechte Sitten zurück. Die gute Sitte: daß man gleichsam aus der Flasche, aus dem Vollen schöpft und, als pure Höflichkeitsgeste, das Maß dem Gast überläßt; die schlechte: daß der mißtrauische Gast auch sieht, was er eigentlich vorgesetzt bekommt. Es ist erstaunlich, welche Geschicklichkeit französische Kellner besitzen, Wein oder Alkohol so einzuschenken, daß die Flüssigkeit bereits den Glasrand bedeckt, ohne überzufließen. Unterzieht er sich dieser mühevollen Kunst aber nicht, so beschwert sich der Gast sofort über den

faux-col, (wörtlich: Stehkragen), mit dem er nun den von Flüssigkeit freien Glasrand meint oder den starken weißen Schaum, der beim schnellen Einschenken des Bieres entsteht.

Cognac wird übrigens oft mit einem Stück Zucker gegeben, das man ins Glas taucht und dann langsam auf der Zunge zergehen läßt. Man nennt das einen

canard, eine Ente, offenbar, weil der Zucker taucht?

In Paris nennt und bestellt man den Kaffee mit Sahne

café crème oder kurz

un crème, obwohl die Bezeichnung

café au lait, (Milchkaffee) richtiger wäre, da man in den seltensten Fällen wirklich kalte Sahne bekommt. Die bei Deutschen übliche Bestellung: »einen Mokka« versteht der französische Kellner schon deshalb nicht, weil erstens mocca eine (aus Arabien kommende) Bohnensorte ist, die es in den Cafés kaum gibt, und zweitens, weil der deutsche Besteller es ja nicht so ernst meint, sondern einfach dadurch ausdrücken will, daß er einen starken Bohnenkaffee wünscht.

Da es Kaffee aus reinem Ersatz in Frankreich nicht gibt, erübrigt sich auch das Betonen der Unterscheidung.

Jus = wörtlich: Saft, aus der Soldatensprache, bedeutet einen besonders dünnen Kaffee. (Wenn Ihnen der Telefonarbeiter sagt, die Leitung hätte keinen »jus«, so meint er, daß es keinen Strom gibt.)

Un filtre ist ein Kaffee, der in einem Glas mit Filteraufsatz auf den Tisch gestellt wird, wobei der Gast dem Werden seines Kaffees, der langsam abtropft, persönlich beiwohnen darf.

Café noir, der schwarze Kaffee ohne Milch

un double-express, der mit der aus Italien importierten Espressomaschine gemacht wird, könnte dem deutschen ›Mokka-double‹ entsprechen. Natürlich kann man auch einen einfachen express bestellen.

Eine rein französische Sitte ist, Bezahlung und Trinkgeld auf den Tisch zu legen, ohne den gerade unsichtbaren Kellner zu suchen, da der Kassenzettel beim Servieren bereits mitgeliefert wird. Dazu muß man das nötige Kleingeld bei sich haben. Niemand wird auf die Idee kommen, dieses Geld anzurühren. Das *pourboire*, Trinkgeld, war in Frankreich nie »inbegriffen«. Es beträgt gewöhnlich wie bei uns 10 %; das kommt jedoch auf das Lokal an.

Auffallend ist, daß ein Franzose sich nie oder nur ungern an einen fremden Tisch setzt, wenn kein anderer frei ist. Tut er's aber – wenn er nicht, was die Regel ist, vorzieht, irgendwo unbequem stehend zu warten – so grüßt er selten und zeigt meist ein sehr zugeknöpftes Gesicht. Das hat nichts mit Unhöflichkeit oder Mangel an Geselligkeitssinn zu tun. Der Franzose ist eingefleischter Individualist: er will sich seine Gesellschaft selber wählen.

Dieses Gehaben in öffentlichen Lokalen ist um so erstaunlicher, als gerade in Frankreich, wie wir schon erwähnten, die Tische so eng aneinander stehen, daß das Getrenntsein ohnedies zu einer Illusion wird. Andererseits ist es ein Kennzeichen des deutschen Lokals, aber auch schon des belgischen, wo der flämisch-germanische Einfluß sich bemerkbar macht, daß dort Nischen und weit separierte Tische vorherrschen, an die man sich allerdings im Falle von Platzmangel, nach einer höflichen Grußgeste, ruhig setzen kann. Beim Bezahlen ruft man nicht *payer*, was tatsächlich zahlen heißt, sondern man sagt »die Rechnung« oder kurz:

l'addition, garçon und, wenn dieser erscheint:

»*Cela fait combien?*« (Wieviel macht das?). Nur wenn Sie mit dem Kellner gut bekannt sind, können Sie eventuell auch ›la douloureuse‹ verlangen, wörtlich: ›die Schmerzliche‹, nämlich die Rechnung.

Der deutsche Gast wird schließlich mit Staunen feststellen, daß der garçon immer alles zusammenrechnet, was er für mehrere Personen, oder genauer noch: für mehrere Männer, die sich zusammen an einen Tisch setzten, serviert hat. Es ist eine alte französische Sitte, daß an einem Tisch immer nur einer zahlt. Die anderen sind vom Zahler eingeladen, und es bleibt ihnen nur die Möglichkeit, selber eine Runde anzubieten, wenn sie nicht sicher sind, dem Gastgeber demnächst »Revanche« zu geben, was niemals mit diesem Wort ausgedrückt werden kann, sondern mit den Worten: »*C'est mon tour*« oder

»*C'est ma tournée*« = »Ich bin jetzt dran.« Wird diese »Revanche« aber sofort ausgetragen, so wird, besonders wenn mehrere Herren am Tisch sind, dieser Spaß durch das Anbieten von Runden für den einzelnen oft kostspielig; und so erklärt es sich außerdem, daß sonst maßhaltende Männer in der Apéritifstunde mehr trinken, als für ihren Appetit bekömmlich ist. Der Franzose lädt oft und gerne ein.

»*Je vous offre un verre.*« »Ich biete Ihnen ein Glas an«.

Getrennt zahlen heißt korrekt:

chacun paye son écot = jeder zahlt seine Zeche. Dem Kellner sagt man aber:

deux (ou trois ou quatre) additions s. v. p.

Im Restaurant

Se restaurer heißt sich wiederherstellen, stärken, erquicken,

restaurer dasselbe in aktiver Form

restauration – die Wiederherstellung – Aufrichtung des Throns; und

le restaurant das Speisehaus. Zu den auffallenden Gebräuchen, durch die sich das französische Restaurant von den deutschen Speisehäusern unterscheidet, gehört vor allem, daß man noch in vielen Restaurants das

(le) couvert, wörtlich »das Gedeck« (von couvrir = decken) bezahlt. In diesem meist bescheidenen Preis (der in Luxuslokalen allerdings oft den Preis eines Fleischgerichtes der billigen erreicht), sind Tischtuch, auch wenn es nur aus Papier ist, Bestecke und Serviette inbegriffen und:

le pain à discrétion etwa mit »Brot nach Belieben« zu übersetzen, was viel sagen will, denn der Franzose ist in der Welt, außer daß er Schnecken und Frösche vertilgt, bekannt durch seinen sehr großen Brotkonsum bei den Mahlzeiten. Und »à discrétion« will bedeuten, daß man es der guten Erziehung des einzelnen überläßt, beim Brotverbrauch »discret« zu sein, mit welchem Wort der Franzose diskret andeutet, daß man nicht durch unverschämten Verbrauch auffallen soll. Zum couvert, das man, bitte, nicht mit Briefumschlag verwechseln möge, der

une enveloppe heißt, gehören je ein Fläschchen Essig und Öl, die neben Senf und anderen Gewürzen auch in der kleinsten Kneipe auf jedem Tisch stehen – und schließlich *(la) serviette,* die Serviette, mit welchem Wort man auch ein Handtuch, ebenso wie die Aktentasche belegt, die dann gelegentlich, um Verwechslungen zu vermeiden, auch

serviette de cuir, Ledermappe, heißt.

Überall wird, und vor allem in den kleinen Arbeiterkneipen, in denen meist auf ›*toile cirée*‹, Wachstuch, serviert wird, Wein getrunken, hauptsächlich offener Tischwein, ›*du vin en carafe*‹. Der Weingenuß ist in jedem Fall ein nicht wegzudenkender Bestandteil jedes Essens. Auch das kleinste Restaurant verfügt über einen bescheidenen Keller von Markenweinen.

Das Mittagessen oder Frühstück heißt in Frankreich

le déjeuner, und

le petit déjeuner das erste Frühstück (von jeuner = fasten und de, also etwa: ent-fasten. Unterbrechen des Fastens. Bei der Gelegenheit: à jeun, sprich: jön = nüchtern, und: jeune, sprich: jönn = jung).

Le dîner ist das Abendessen. Das Abendessen in der Nacht, meist nach einem Theaterbesuch, wird

le souper genannt. In Belgien nämlich und in manchen Gegenden Frankreichs und der französischen Schweiz verschiebt sich dies alles. Da versteht man unter dem déjeuner das erste Frühstück, unter dîner das Mittagessen und unter souper das Abendbrot. Zu dem Streit, welche Bezeichnung eigentlich die richtigere sei, muß der Provinz und Belgien recht gegeben werden. Das geht allein aus der Tatsache hervor, daß die Suppe (la soupe oder le potage), dieser unerläßliche Bestandteil eines richtigen französischen Abendbrots, der auf uralten bäuerlichen Brauch zurückgeht, dem Abendbrot — le souper — doch den Namen gegeben hat. Da nun aber Paris und der größte Teil Frankreichs tonangebend sind, wo man »déjeuner« für Mittag und »dîner« für Abendbrot sagt, dürfte dieser Prozeß von der Provinz kaum jemals gewonnen werden.

Wie eingefleischt die Bezeichnungen in Frankreich selbst sind,

geht daraus hervor, daß man, in Wort und Schrift, mit
à l'heure du déjeuner die Mittagsstunde und mit
à l'heure du dîner die Zeit des Abendessens meint.
Un bouillon ist eine Fleischbrühe, geläufiger
un consommé genannt, die, wenn sie kalt genossen wird
un madrilène heißt. Vom Franzosen wird dies nicht als richtige Suppe angesehen. Selbst das einfachste Essen besteht aus vier Gängen, einer Vorspeise, dem
hors-d'œuvre, das auch allgemein, besonders dann, wenn es sich um eine eigene kleine Platte (warm oder kalt) handelt,
une entrée (wörtlich: der Eingang, Einleitungsgericht), heißt. Ferner einem Fisch- oder Fleischgericht, zu dem mit Ausnahme von Kartoffelgerichten nur in den seltensten Fällen ein Gemüse und nie der Salat beigegeben werden. In der Regel bilden letztere je ein Gericht für sich. Kartoffeln gelten in Frankreich als Gemüse und sind auch in dieser Rubrik zu suchen. Dann folgt, besonders mittags, entweder Käse oder ein Nachtisch, wobei letzterer auch aus einer Frucht bestehen kann, oder beides. Käse wird auch beim dîner nach dem Salat und vor dem Nachtisch

genommen. Er hat, von seinem Nährwert abgesehen, in der geschmacklichen Zusammenstellung des Mahls (was der Franzose, durchaus nicht pompös gemeint *la composition du repas* nennt), die Aufgabe zu »decken«, d. h. die verschiedenen mehr oder weniger gewürzten Gerichte, deren Geschmack nach Abrundung verlangt, steigernd und neutralisierend zugleich abzuschließen. Der einfache Mann, der Arbeiter und der Bauer, spült mit seiner *chopine de rouge*, (Schoppen Rotwein = $^{1}/_{2}$ Liter) den Geschmack jeder einzelnen Speise weg. Er trinkt nicht, während er irgendein Gericht ißt, sondern erst nachher, am Ende des Fleisches, am Ende des Gemüses oder Käses, welche er jedesmal mit ein paar kräftigen Schlucken, ganz als ob er sich den Mund spülen würde, richtig abschließt. Er spült sich nämlich wirklich den Mund, um für das nächste Gericht »geschmackfrei« zu sein, und meist kaut er noch ein Stückchen Brot dazu. In diesem primitiv anmutenden Brauch steckt viel hygienische Weisheit.

Um auf den Käse zurückzukommen: er kann auch als Nachtisch gegessen werden. Nach dem Käse wird unweigerlich noch ein Schluck Rotwein getrunken, der Prüfstein der guten oder schlechten Qualität des Weines. Die fachmännische Bezeichnung für einen Käse, der gut durch ist, so daß er von selber laufen könnte, lautet *un fromage bien fait*. Bei der Gelegenheit sei darauf hingewiesen, daß *un petit suisse*, wörtlich: »ein kleiner Schweizer«, nicht unser »Schweizer Käse« ist, der *gruyère* heißt, sondern das, was man bei uns einen »Gervais« nennt. Ausnahmsweise mit Recht, weil die berühmte Fabrik, die ihn herstellt, tatsächlich Gervais heißt.

Ein drittes Merkmal des französischen Restaurants ist, daß der Salat bekanntlich in Frankreich immer nach dem Hauptgang als eigene Platte gegessen wird (mit der einen oder anderen Ausnahme: zu kaltem Brathuhn z. B. wird er beigegeben).

Assaisonner heißt würzen und

fatiguer la salade, den Salat anrichten.

Ein eigenes Kapitel bilden die

hors-d'œuvre (wörtlich: außerhalb des Werkes, nämlich des Hauptganges). Auch im deutschen Wörterbuch findet sich dieses Wort mit Vorspeise übersetzt, womit unzweideutig angedeutet werden soll, daß es sich um ein Gericht handelt, das vor dem richtigen, wirklichen Mahl gegessen wird. Im durchschnittlichen Restaurant wird nur auf Wunsch eine kleine Auswahl von Vorgerichten auf den Tisch gestellt, von denen der Gast wenig nimmt, grade genug, um sich auf das weitere Essen Lust zu machen. Normalerweise bestellt der Franzose irgendeine Kleinigkeit vorher, ein Stück Hering oder Sardinen (zu denen immer Butter und Zitrone serviert werden, während man merkwürdigerweise beim Bestellen eines Schinkenbrotes im Café die Butter ausdrücklich verlangen muß!) oder ein paar Scheiben Wurst und hauptsächlich Saisongerichte (im Sommer z. B. wird eisgekühlte Melone mit Salz und Pfeffer gegessen). Die üppigen, spezifisch französischen Vorgerichte, unter denen es wirklich Delikatessen gibt, die man in Zentraleuropa nicht kennt, sind trotzdem unter dem Wort Delikatesse nicht bekannt.

Une délicatesse ist zweifellos ein rein französisches Wort, heißt aber: Zartheit des Gefühls, des Gedankens, der Ausführung, aber nur dies und nichts anderes. Und das Eigenschaftswort

délicat drückt dieselben Begriffe aus. Wenn der Deutsche in aufrichtiger Bewunderung über ein Gericht sagt, es sei eine »délicatesse«, versteht ihn der Franzose ehrlich nicht, begreift er es aber, so muß er lächeln, denn er würde im besten Fall

délicieux sagen, was »großartig« oder »wundervoll« oder »ausgesucht gut« heißen kann. Natürlich gibt es auch keine Delikatessenhandlungen, und der Versuch, etwa marchand de délicatesse zu sagen, würde, wenn er überhaupt verstanden werden sollte, nur Heiterkeit erregen. Der Delikatessenhändler ist der

épicier, der Gewürzhändler, und

épicerie (une) sein Laden.

Un délice ist Wonne, Freude, Lust. Aus alledem mag das deutsche »Delikatessen« entstanden sein.

Eine letzte Charakteristik des französischen Restaurants ist schließlich die Tatsache, daß es die Essenzeiten genau einhält: Es wird zwischen 12 und 14 und zwischen 19 und 21 Uhr gegessen. Ißt aber der Franzose außerhalb der geheiligten Essenszeiten, so nennt er das

manger sur le pouce, wörtlich: »auf dem Daumen (serviert) essen« und was er dabei ißt, trägt den Namen

un casse-croute, wörtlich etwa: ein Stück abgebrochenen Brotes, von croûte = der Brotrinde, oder *un sandwich*.

Im Volk sagt man auch

casser la croute, das Brot brechen für essen.

Er bleibt bei solchen Gelegenheiten besonders maßvoll, und so mag es sich erklären, daß die Auswahl, die ihm zur Verfügung steht, nicht sehr abwechslungsreich ist. Ein Stück Brot, etwas Käse, eine Sardine, ein paar Scheiben Wurst, das alles meist ohne Butter, dazu ein Gläschen Wein, das genügt ihm. Der Franzose kennt wenig das kalte Essen zu den Hauptmahlzeiten und liebt es nicht. So erklärt es sich auch für den Fremden aus Deutschland und Mitteleuropa, daß z. B. Wurstwaren in Frankreich weder in bezug auf Auswahl noch auf Qualität mit dem Reichtum verglichen werden können, der auf diesem Gebiet in Europa diesseits des Rheins vorherrscht. Im Zuge der Amerikanisierung des allgemeinen Lebens sind auch in dem so konservativen Frankreich »Self-services« und »Snack-Bars« wie Pilze aus dem Boden geschossen. Daß es auch »Snack-Hotels« gibt, von denen man nicht weiß, was sie eigentlich bedeuten sollen, dürfte ein sprachliches Mißverständnis kleiner französischer Hoteliers sein.

Das deutsche Wort Sauerkraut ist in der Umformung

choucroute wiederzufinden. Eine

(une) choucroute garnie oder

une choucroute alsacienne ist, was wir mit Delikatesse bezeichnen würden. Es wird überraschend viel gegessen. Erstaunlich ist, daß diese choucroute garnie – von den Lokalen abgesehen, die sich darauf spezialisiert haben – selten gut ist und – vor allem für unsern Geschmack – sich durch eine Unkenntnis in der Zubereitung des Krautes auszeichnet.

Zu den beliebten romantischen Vorstellungen des Auslands, an denen eine schwüle, heute überlebte Unterhaltungsliteratur der neunziger Jahre nicht unschuldig ist, gehört das

»chambre séparée« als Symbol französischer Galanterie. Es bedeutet genau das Gegenteil von dem, was man sich gemeinhin darunter vorstellt – nämlich getrennte Schlafzimmer. Was man »deutsch« mit »chambre séparée« meint, gibt es unter der Bezeichnung

un cabinet oder *un salon particulier* nur in Luxuslokalen, und ist meist für mehrere Personen eingerichtet. Dieser Raum als Rahmen für galante Abenteuer ist ganz aus der Mode gekommen und dient hauptsächlich zu diskreten geschäftlichen oder politischen Besprechungen, bei denen man, wie die französische Redensart heißt,

entre la poire et le fromage (zwischen Birne und Käse) die Probleme »anschneidet«. Erwähnen wir in diesem Zusammenhang noch den Ausdruck

»dîner en ville«, »in der Stadt essen«, mit anderen Worten »im Restaurant essen«, oder bei Freunden eingeladen sein.

Théâtre d'opérations ist kein Fronttheater, sondern der Kriegsschauplatz, ersteres muß

théâtre aux armées heißen. Spricht man – womöglich begeistert – vom Spielleiter, so enthalte man sich,

régisseur zu sagen, der Franzose wird das nicht verstehen, denn der »régisseur« spielt im Theater eine ganz untergeordnete Rolle, nämlich die des Inspizienten oder Requisitenchefs; außerdem heißt das Wort in einer zweiten Bedeutung noch Gutsbesitzer oder Pachtverwalter. Der deutsche Spielleiter oder Regisseur heißt

metteur en scène (wörtlich: »Inszene-Setzer«) und die Spielleitung

la mise en scène. Hier drängt sich das bei uns so beliebte »prominent« auf: es kommt von »proéminent«, was wohl hervorragend heißt, aber mehr im körperlichen Sinn; aber ein »Prominenter« muß mit

un personnage éminent, de premier plan wiedergegeben werden.

Acteur ist ein Schauspieler (von »l'action«: die Handlung) und eine

actrice eine Schauspielerin. Man kann sie auch

comédien, comédienne nennen; diese Bezeichnung soll aber nicht mit Komödiant verdeutscht werden, dies kann es nämlich auch im Französischen bedeuten, aber eben nur dann, wenn es sich nicht um Berufsschauspieler handelt, sondern, wie im Deutschen, um Leute, die im Leben Komödie spielen. Geläufiger sagt man dann

cabotin Schmierenkomödiant, oder Komödiant und

cabotinage Schauspielerintrigen (cabotage dagegen heißt Küstenschiffahrt mit kleinen Kuttern). Ein Schauspieler, der tragische Rollen spielt, im Deutschen manchmal auch Tragöde genannt, ist ein

tragédien, und natürlich eine

tragédienne, wenn es sich um eine Frau handelt.

Garde-robe (la) bedeutet nicht die Künstlergarderobe, aber vielerlei anderes. Vor allem: die »garderobe« ist das Ankleidezimmer. Ferner bedeutet es den gesamten Vorrat von Kleidungsstücken, über die ein einzelner verfügt. Drittens bezeichnet man damit den Kleiderschrank oder einen kleinen Raum, der zur Aufbewahrung der Kleider dient. Und schließlich, in Erweiterung des Gedankens vom kleinen, verschwiegenen Raum, gehört hierher auch der bewußte stille Ort. Man sagt

le lavabo, offenbar um zart anzudeuten, daß man sich da gegebenenfalls auch, sagen wir, die Hände waschen kann, denn lavabo ist eigentlich das Waschbecken (von laver = waschen). Obwohl es nun nicht durchaus hierher gehört, wollen wir, wegen der großen Nachfrage nach diesem Artikel, entgegenkommend feststellen, daß man, falls einem das Wort lavabo in der Eile nicht einfällt,

où sont les toilettes fragen kann, wenn man den so einfachen Ausdruck

le W. C. oder gar

les cabinets zu indiskret findet. Aber toilette ist gleichfalls eine Umschreibung und hat in der Hauptsache andere Bedeutungen. Zum Beispiel ist

le cabinet de toilette nicht, was man logisch und leichtfertig annehmen könnte, das eben Gemeinte, sondern ein (meist kleiner) Wasch- und Ankleideraum ohne jede Hintergedanken; hingegen versteht man unter

toilette sowohl das Ankleiden, da man ja

faire sa toilette für Ankleiden und Zurechtmachen sagt (Toilette machen), wie auch die Kleidung selbst (und dies gilt nicht nur für die Frauenkleidung). Aber im Gegensatz zum Deutschen, wo man unter Toiletten die eleganten Damenkleider versteht, wird für das gleiche dieser Ausdruck im Französischen eigentlich selten gebraucht (man sagt allgemein: toilette de bal = Ballkleid, aber auch: toilette de mort = Totenkleid); sonst verwendet man einfach

les robes, auch, wenn man damit die Erzeugnisse der haute couture meint, und

une robe du soir ist immer die Bezeichnung für Abendkleid.

Une robe allein kann nur ein Kleid bedeuten, während

un costume bei einer Frau ein Jackenkleid ist, auch

un tailleur genannt, wie ein Anzug beim Mann, fachmännischer dann auch

un complet. Die Robe ist außerdem noch der Richter- und Anwaltstalar. (La magistrature de robe will auch das Richteramt bezeichnen.)

Um aber wieder zur garde-robe zurückzukommen, deren Möglichkeiten, Mißverständnisse hervorzurufen, noch nicht erschöpft sind, meint der Deutsche in Frankreich die »deutsche« Garderobe, den Ort also, wo er im Theater, Kino oder Restaurant seine Überkleider lassen möchte, so hat er

le vestiaire zu sagen.

Die Künstlergarderobe heißt, um dieses Kapitel endlich abzuschließen,

(la) loge d'artiste. Der Erholungsraum im Theater, das

(le) foyer, ist ausnahmsweise das gleiche Wort im Deutschen, Foyer, soweit es noch benutzt wird. Außerdem heißt es noch: Herd, und im übertragenen Sinn: Familie und schließlich: Brennpunkt, wofür der deutsche Fachmann auch Focus zu sagen pflegt. Der Ausdruck foyer im Theater wird damit erklärt, daß man früher in den kalten Jahreszeiten Becken mit glühenden Kohlen aufstellte, an denen das Publikum, Hut auf dem Kopf, nach der seelischen auch die körperliche Erwärmung suchen konnte. Diese Deutung ist nicht authentisch.

Une baignoire ist eine zweisitzige Loge, es heißt auch Badewanne, ist aber dann nicht im Theater zu suchen. Die Enge und die Form einer solchen Loge dürfte zu dieser Bezeichnung geführt haben.

Le parterre ist das Parkett im Theater;

un parterre ist daher ein Parkettsitz und sonst das ganze im Parkett sitzende Publikum (un parterre royal = königliche Gäste).

Une loge ist unverändert eine Loge. Weil Parkett aus dem Französischen kommt, wo es (le parquet) einmal den mit kleinen Holzplatten ausgelegten (parkettierten) Fußboden, zum anderen Mal, im übertragenen Sinn, das Gericht, die Gerichtsbehörden bedeutet, darf man nun nicht auf die Idee verfallen, die französischen Wörter un siège (Sitz) mit parquet zu verbinden, wenn man einen Parkettsitz wünscht, sondern man hat sich den Ausdruck

un fauteuil d'orchestre zu merken, was den Plätzen in unsern Parkettreihen entspricht. (Le siège social ist die juristische Formel für den Sitz eines kaufmännischen Unternehmens). Die Proszeniumsloge heißt

une avant-scène und ein Balkonsitz kurz

un balcon, während die Sitzreihe

(le) rang benannt wird, und das deutsche Wort Rang, im Theater

un premier, oder *deuxième balcon* heißt, womit eben angezeigt wird, daß damit der 1. oder 2. Rang gemeint ist. Besonderen Hinweis verdient

le strapontin, der Klappsitz, den es in französischen Theater- und Kinosälen gibt; er ist am Beginn und Ende der Sitzreihen angebracht. In der Regel sind dies sehr unbequeme Sitze, was aber nicht hindert, daß sie genausoviel kosten wie die »richtigen« Plätze, denen sie gleichgestellt sind. Im Parlamentsjargon versteht man unter strapontin den Posten eines Unterstaatssekretärs, offenbar um ihn vom Ministersessel zu unterscheiden. Ein

(le) promenoir heißt wörtlich wohl Wandelgang, ist aber der Stehplatz im Rücken und am Rande des Zuschauerraums; in großen Music-halls diente er zur Promenade für gewisse Damen.

Le buffet, le bar, ist der Erfrischungsraum. In Paris fängt das Theater in der Regel später an als in Deutschland, um 21 Uhr, was mit den Worten

lever de rideau à 21 heures angezeigt wird, soll heißen: der Vorhang hebt sich um 21 Uhr. Um diese Zeit hat der Pariser, der so früh ißt wie der Provinzler – um 19 Uhr nämlich, und um 21 Uhr sind die populären Restaurants in Paris leer! – längst gespeist. Wozu also im Theater wieder essen? Elegante Leute gehen nach dem Theater einen mehr oder weniger großen Imbiß nehmen, was man
souper, soupieren nennt.

Hat man, mit seinen Eintrittskarten bewaffnet, vulgär genannt
les places und akademisch
les billets de théâtre, den Eingang durchschritten, so muß man vor einem hohen Pult passieren, hinter dem immer zwei, manchmal drei strenge und peinlich höfliche Herren im Smoking

oder Frack thronen, sie kontrollieren die Eintrittskarten, die man durch eine Theater-Agentur besorgen ließ, wie auch die Karten zu ermäßigten Preisen, weshalb diese Einrichtung
le contrôle genannt wird. Diese wichtigen Herren trugen früher Zylinder, heute nur noch selten und bei Galavorstellungen, d. i.
une soirée de gala oder kurz

un gala und bei Premieren, die französisch wohl

une première heißt, womit aber die erste Vorstellung vor zahlendem Publikum gemeint ist, während das, was man im deutschen Theaterbetrieb unter Uraufführung versteht, in der Pariser Sprache

une générale heißt, eigentlich Generalprobe, da es eine Abkürzung von répétition générale ist. (Und à propos: Theater- oder Musikprobe heißt

une répétition). Zu dieser générale haben neben der Berufskritik allerdings nur geladene Gäste Zutritt, also die Prominenten »vom Bau«, da es aus Steuergründen keinen Kartenverkauf gibt. Es ist kaum nötig zu sagen, daß eine solche générale

(le) rendez-vous, der Treffpunkt der Snobwelt ist, die im Zeitungsjargon

le Tout-Paris (ganz Paris) genannt wird.

Die schwarz gekleideten, anonymen Herren am Kontrollpult vertreten symbolisch den Direktor des Theaters, eleganter und sozusagen »persönlicher« als die anonymen Billettkontrolleure bei uns. Sie schlichten auch Streitigkeiten, die wegen falscher Sitznummern entstehen, und sind für Freikartenhyänen und sonstige ayants-droit, wörtlich: Anrechthaber, zuständig.

Es gibt auch eine Vorgeneralprobe

les couturières, die den Schauspielern Gelegenheit bietet, sich in ihren Kostümen zu zeigen.

Im Inneren der Theater, besonders der Lichtspielhäuser, wird man von den Billetteuren oder Platzanweisern empfangen, die

(l') ouvreuse genannt werden (wörtlich: Öffnerin der Logen) weil es zumeist Frauen sind, die einen an seinen Sitz führen. Für diesen Dienst hat man, auch wenn man auf das angebotene Programm (das ausnahmsweise auch französisch programme heißt und so ausgesprochen wird) verzichtet, ein Trinkgeld zu entrichten. Dieses

(le) pourboire (wörtlich: »zum Trinken«) soll man am besten

schon vorher bereithalten, um nicht, was beim Zuspätkommen und im dunklen Kino besonders lästig ist, unter der drohend und pistolenartig vorgehaltenen Taschenlampe der ouvreuse, aufgeregt nach Kleingeld suchen zu müssen. Diese lästige Einrichtung hat auch schon manchen Einheimischen fluchen gemacht. Aber es nutzt nichts: das Trinkgeld ist unbedingt zu entrichten. Diese Mädel leben davon, da sie ebenso wie die Damen vom vestiaire und von anderswo von der Direktion kein Gehalt beziehen. Die wenigsten Ausländer wissen dies.

Eine Vorstellung im Theater nennt man

une représentation, bei der Filmvorstellung sagt man meist auch

une séance (de cinéma) (wörtlich: die Sitzung). Die Filmleinwand heißt

l'écran (wörtlich: Licht-Schutzschirm) und populär wird cinéma mit

(le) ciné abgekürzt.

Un récital Konzert eines Solisten, nicht mit

une récitation ein Gedicht vortragen zu verwechseln.

Le spectacle permanent ist die Dauervorstellung. Münchner und Wiener sollen beim Wort Spektakel nicht an Krawall denken, sondern an den Ursprung des Wortes

le spectacle das Schauspiel,

la salle de spectacles, Zuschauerraum und etwa

un spectacle horrible, ein furchtbarer Anblick (Schauspiel) usw.

Das Kinoprogramm zerfällt in der Regel in ein

générique Aufzählung sämtlicher Mitwirkender,

avant-programme, das Vorprogramm, welches sich wieder aus den

actualités, der Wochenschau, dann einem

court métrage, Kurzfilm, zusammensetzt, der entweder ein

dessin animé ein Zeichenfilm sein kann oder ein

documentaire, also ein Kulturfilm. Da die Filmsprache heute in jedermanns Mund ist, sei noch erwähnt, daß ein

gros plan die Großaufnahme bedeutet,

(le) montage den Filmschnitt,

cinéaste ist jeder, der mit der Filmbranche zu tun hat.

La télé (télévision) Fernsehen

speaker, speakerine die das Radio-, Fernseh- oder Theaterprogramm ankündigen

au ralenti die Zeitlupe.

Interdit aux moins de 16 ans Kinder nicht zugelassen.

Music-hall ist die Singspielhalle; das Wort ist aus dem Englischen übernommen; schlicht französisch heißt sie

le variété zu deutsch Varieté, die Bühne, die Vielfältiges (von varier = ändern) bietet. Die Leute, die da auftreten, nennt man in Deutschland Artisten und meint damit Trapez- und andere Zauberkünstler. Das französische Wort

(l') artiste, von dem das deutsche Artist ja kommt (l'art = die Kunst), bedeutet aber jede Art Künstler. Man muß also

artiste de music-hall sagen, wenn man den deutschen »Artisten« meint. Der (Kunst-)Maler stellt sich als

artiste peintre vor, oder aber auch wie im Deutschen, kurz: Maler,

peintre, was im Französischen gleichfalls Anstreicher heißen kann, wofür man genauer auch

peintre en bâtiment sagt.

Schauspieler sagen gerne von sich, daß sie

artistes de théâtre sein, oder

artistes dramatiques, wogegen das singende Volk es liebt,

artistes lyriques benannt zu werden, wegen der Lyra natürlich.

L'artiste décorateur ist der Theaterdekorateur und Dekorationsmaler von

les décors das Bühnenbild und

la décoration, die Ausstattung, wobei das gleiche Wort auch »Dekoration« = Ordensauszeichnung, bedeuten kann. Das deutsche Wort Kulisse ist unverändert von dem französischen

(la) coulisse genommen, womit der Raum hinter der Bühne be-

zeichnet wird, auf dem die Dekorationsstücke (oder Kulissen) hin- und hergeschoben werden, daher: porte à coulisse = Schiebetür, von

couler, welches unter seinen zahlreichen Bedeutungen auch die von schieben, gleiten hat.

Theaterberühmtheiten beiderlei Geschlechts nennt man

une vedette oder gerne jetzt (weibl.) *starlette* oder

une star, wenn es sich um vedettes de cinéma handelt; das Wort ist immer weiblich (une), gleichgültig ob es ein Männchen oder ein Weibchen bezeichnen soll. Dies aber nicht etwa in häßlicher Absicht in bezug auf das Männchen, sondern lediglich in Anlehnung an das Wort

l'étoile, der Stern, der im Französischen weiblich ist und weil

une étoile de cinéma gleichfalls einen Filmstar bezeichnet. Wenn wir nochmals auf die

vedette zurückkommen, geschieht dies, um zu erinnern, daß dieses Wort auch einen anderen Sinn hat, und zwar den ursprünglichen: es heißt nämlich in der Militärsprache »berittener Wachtposten« und in der Sprache der Marine: eine Barkasse, also Elemente, die vor anderen vorgeschoben werden, wie auf der Bühne und der Leinwand.

Kabarett und Umgebung

In der französischen Music-hall treten auch Künstler aus dem Kabarett auf. Letzteres nennt man aber auch aus einem anderen Grunde

un cabaret oder pariserisch

une boîte de nuit (wörtlich: Nachtkiste), weil ein

cabaret ohne nähere Bezeichnung eine meist kleine Schenke niedriger Kategorie ist; aus diesem Grunde soll man sich zurückhalten, ohne weiteres *cabaretier* (oder *cabaretière*) zu sagen, denn dies ist der Mann oder die Frau, die einen solchen Ausschank halten, während die Leute von der Kleinkunstbühne

artiste de cabaret genannt werden können. Der Ursprung des

cabaret artistique liegt in den in Frankreich um die Jahrhundertwende zur Blüte gekommenen Konzert-Cafés

café-concert, populär »caf' conc« (oder auch café chantant) genannt. Wie der Name andeutet, waren es Lokale, in denen sich Sänger und Vortragskünstler volkstümlicher Art produzierten. Es gibt heute noch in den Provinzstädten und in den Außenbezirken von Paris solche café-concerts, »établissements« von durchaus bürgerlichem Anstrich, in denen beliebte und häufig genug teure Kräfte auftreten.

Un tour de chant Auswahl der Lieder, die ein Sänger im Kabarett vorträgt.

Es wird sich auf alle Fälle empfehlen, auseinanderzuhalten, daß

chanter singen heißt, dagegen aber

faire chanter quelqu'un jemanden erpressen; deshalb sind

les maîtres-chanteurs, wenn es sich nicht um den Titel der Wagneroper »Die Meistersinger« handelt, unmißverständlich Erpresser.

Chantage ist die Erpressung. Und da wir

(l') imposteur, den Hochstapler, in keine besondere Rubrik dieses Buches einreihen können, so soll er zusammen mit

imposture, Hochstapelei, Betrug, hier festgehalten werden. Unter den Mitgliedern der Kleinkunstbühne, um wieder zum alten Thema zurückzukommen, wird man vergeblich eine

chansonnette suchen, worunter sich mancher ein weibliches Wesen vorstellt, das womöglich schlüpfrige Chansons singt. Eine solche Chansonnette gibt es nicht; das Wort ist die Verkleinerungsform von

(la) chanson, das Lied, und bedeutet einfach ein kleines Lied, ein Liedchen. Was man mißverständlich unter dieser Bezeichnung

sucht, ist

un (oder *une*) *fantaisiste*, männliche oder weibliche Vortragskünstler, die, oft tanzend und pantomimisch begleitend, lustige und manchmal auch anzügliche Lieder vortragen. Maurice Chevalier ist der berühmteste Vertreter dieser typisch französischen Kunst. Älter und traditioneller noch ist der

chansonnier, den man auch chansonnier de Montmartre nennt, und der in der Hauptsache aktuell politisch-satyrische Lieder zum besten gibt; seine kleinen, oft äußerst witzigen chansons darf man dann une chansonnette oder

un couplet, was gleichfalls kleines Liedchen heißt, nennen. Der lyrisch-dramatische Vortrag, ist das Fach der

chanteuse réaliste. Man nennt sie so wegen der realistisch bewegten Stoffe ihrer Vorträge.

Chanteur, chanteuse sind Sänger, Sängerinnen jeder Gattung; die *cantatrice* ist die Opern- oder Konzertsängerin, während *chanteur* oder *chanteuse de charme* für Franzosen unmißverständlich die Fachbezeichnung für Spezialisten jener sentimentalen Liebeslieder sind, von denen einige die Rundreise um die Welt gemacht haben. Die

diseuse ein immer beliebter werdendes Kunstfach der Kleinkunstbühne, sind jene Vortragskünstler, die meist ernste Themen halb gesprochen, unter Musikbegleitung zum besten geben und keineswegs über Gesangsstimmen verfügen müssen, wie einst Yvette Guilbert oder Edith Piaf, die dieses Genre in der Welt salonfähig gemacht haben. Ganz im Gegensatz zu dieser Zwanglosigkeit in bezug auf Stimme steht ein

soprano léger, die Koloratursängerin, die besonders begabt und ausgebildet sein muß.

Vergeblich wird man unter den Fächern der französischen Gesangsbühne, dem

théâtre lyrique, die auf der deutschen Bühne heimische

soubrette suchen, worunter man eine Operettendiva versteht. Da-

mit bezeichnete man noch im vergangenen Jahrhundert die weiblichen Bediensteten der Marivaux'schen Lustspiele. Heute versteht man darunter, aber wohl auch nur in der Literatur, eine Kammerzofe, die prosaisch

une femme de chambre genannt wird und in jedem Hotel anzutreffen ist. Von Schauspielern ist noch der

jeune premier, der jugendliche Held und der Bonvivant zu nennen, welches französische Wort dem Franzosen nichts besagt.

Vor Abschluß dieses Kapitels soll schließlich auch erwähnt werden, daß man Kapellmeister nicht etwa mit »maître de chapelle« übersetzen möge, bloß weil es auch diese französischen Wörter gibt; dieser Mann heißt

chef d'orchestre.

Dirigent ist die dritte Person Mehrzahl der Gegenwart von diriger = leiten;

dirigeant dagegen ist das Partizip davon und kann als Hauptwort nur in der Mehrzahl angewendet werden, wenn man leitende Personen, etwa in der Politik oder der Gesellschaft meint. Ein Orchester dirigieren heißt

conduire un orchestre, Autolenken heißt gleichfalls conduire. Beim

Militär heißt eine Kapelle

la musique sonst

une fanfare, während eine

chapelle nur in kirchlichem Sinn verstanden werden kann. Un maître de chapelle war im 18. Jahrhundert der Priester, der die Kinderchöre leitete. Da wir von der Kirche sprechen, erwähnen wir weiter, daß in Paris manche Kirchen deren Türme kuppelförmig sind

dôme genannt werden. *(Le Dôme des Invalides* etc.) Der deutsche Dom ist

cathédrale. (La Cathédrale de Reims). Man soll es auch unterlassen, ein Textbuch wörtlich mit »livre de texte« zu verlangen; wohl ist auch dies französisch, aber unverständlich. Textbuch heißt einfach

(un) livret, un scénario. Wenn ein Theater eine Spielpause einlegt, so liest man an den Anschlagsäulen das Wort

relâche, was Unterbrechung heißt, oder Spielpause. Die Pause während der Vorstellung heißt, obwohl es das Wort la pause = die Pause gibt

l' entr'acte, der Zwischenakt, wie im Deutschen.

Militärisches

Am meisten Verwirrung richtet der

lieutenant an, weil dieser französische Titel dem Rang eines deutschen Oberleutnants entspricht, während das deutsche »Leutnant« französisch

sous-lieutenant heißt, also Unterleutnant. Dieses Wort französischen Ursprungs setzt sich aus lieu = Platz, Stelle, Statt und tenir = halten zusammen. Es will also Stell- oder Platzhalter heißen. Noch im 18. Jahrhundert war der lieutenant du Roy, der Statthalter des Königs, die höchste Amtsperson, die alle polizeilichen und zivilen Verwaltungsbefugnisse des Landes in einer Hand vereinigte. La Lieutenance bedeutete diese Amtsgewalt selbst. In der zivilen Sprache verwendet man geläufig den Ausdruck lieutenant, wenn man vom wichtigsten Mitarbeiter einer Hauptperson spricht. Mit dem militärischen Platz- oder Statthalter ist jener Offizier gemeint, der den eigentlichen Befehlshaber der niedrigsten individuellen Kampfeinheit, der

(la) compagnie vertritt (der Zusammenschluß der »compagnons«, der Kumpane oder Kampfgenossen des mittelalterlichen Heeres). Dieser wichtigste Mann der Kompagnie, der Hauptmann also, heißt

le capitaine (sprich: Kapitän); Hauptmann, wie man sieht, ist die wörtliche Übersetzung von capitaine, welches vom lateinischen caput = das Haupt kommt (Capitano im Italienischen, captain im Englischen). Es scheint also logisch, daß der Vertreter des Hauptmannes »Stellvertreter« genannt wird und dessen Gehilfe oder Vertreter wiederum »Unterstellvertreter«, sous-lieutenant. Was die Mißverständnisse lieutenant, also Leutnant erleichtert, ist, daß die höfliche Tradition in Frankreich will, daß Untergebene wie Zivilpersonen auch einen Unterleutnant mit

»mon lieutenant« titulieren. Die persönliche Anrede in der französischen Armee kennt – mit einer einzigen Ausnahme des »Monsieur le maréchal« – den Ausdruck »Herr...« nicht. Es wird immer vor den Titel einfach »mon« = mein gesetzt. Dies erklärt sich damit, daß das hier angewandte »mon« nicht das besitzanzeigende Fürwort ist, sondern eine sehr alte Abkürzung des Wortes Monsieur. Aus diesem Grunde sagen Damen oder höher gestellte Zivilisten in Gesellschaft auch zu höheren Offizieren nicht »mon Colonel« usw., sondern einfach den jeweiligen Rang, ohne irgendeinen anderen Titel.

Le maréchal de France entspricht einem Marschall. Dagegen stammt der Ausdruck, ähnlich wie Seneschall, aus dem Germanischen und der Sprache des deutschen Kreuzrittertums. Ursprünglich hießen die Verwaltungsbezirke im Frankreich des 16. und 17. Jahrhunderts

(la) maréchaussée, was etwa dem deutschen Gau entsprechen mag; im heutigen Französisch wird dieses Wort noch gebraucht und bedeutet etwa die Landjägerverwaltung; es wird durch den amtlichen Ausdruck Gendarmerie immer mehr verdrängt; was die

gendarmerie ist, weiß jedermann; im ausgehenden Mittelalter verstand man in Frankreich unter den

gens d'armes, wörtlich: Waffenvolk, auch den Soldaten. Daß dieser

le soldat selbst, eine französische Erfindung ist, indem sich das Wort von

la solde, der Lohn, leicht ableitet und einen Mann bezeichnet, der im Sold steht und für Sold kämpft (Soldbuch), soll nutzbringend in Erinnerung gebracht sein, als sprachlich-geschichtliches Argument für den alten Streitfall, wer denn eigentlich mit der Soldaterei angefangen hat.

Eine kleine Genugtuung (revanche), denn das im Französischen entsprechende und durchaus welsche

le fanion (und *la flamme*) die Fahne, kommt von dem germanischen »fano« = Tuch, Fetzen. La flamme bedeutet natürlich auch Flamme. Die Flagge entspricht dem

pavillon (le), was aber auch Schloßflügel, Gartenpavillon, Zelt u. a. bedeuten kann, sogar – im übertragenen Sinn – Seemacht.

Le cavalier, der Reiter oder Kavallerist, ist italienischen Ursprungs. Dieses Wort (sprich: kawalje) verlangt einige Erklärungen: Was man im Deutschen unter einem Kavalier versteht, muß im Französischen am besten mit

un gentilhomme, un gentleman ausgedrückt werden, oder aber mit

un chevalier, zu deutsch: Ritter. Es ist aber streng auseinanderzuhalten, daß

chevaleresque ritterlich bedeutet, während

cavalier als Eigenschaftswort (oder adjektivisch: *agir d'une façon cavalière*) gebraucht, fast das Gegenteil aussagen will, nämlich: rücksichtslos. Beide Wörter leiten sich vom gleichen Wort ab, von

le cheval, das Pferd. Daß es zu dieser Begriffsverschiedenheit gekommen sein kann, ist um so erstaunlicher, als man in einigen Fällen, z. B. wenn man vom Tanzpartner oder Begleiter einer Dame auf Spaziergängen spricht, ruhig cavalier sagen kann, ohne mißverstanden zu werden.

Son cheval de bataille seine Lieblingsidee (wörtlich: sein Schlachtroß).

Le pinard ist die tägliche Ration Rotwein der Soldaten. Die Bezeichnung ist auch in die allgemeine Volkssprache übergegangen, wo man den billigen, offenen Wein darunter versteht.

Le poilu, Landser; ein auch außerhalb Frankreichs bekanntgewordener Spitzname für den Frontkämpfer, ist im 1. Weltkrieg entstanden. Man wollte damit die »Behaarten« bezeichnen, d. h. die unrasierten Soldaten (von le poil = Haar). Es ist längst ein Ehrenname geworden. Ähnlich ist es dem Ausdruck

»*Les gueules cassées*« ergangen, was wörtlich »zerbrochene Schnauzen« heißt, seit vielen Jahren aber der offizielle Titel des Verbandes jener ehemaligen Frontkämpfer ist, deren Gesichter durch schwere Verletzungen verstümmelt wurden. Ein Teil der Lose der Loterie Nationale werden von ihnen herausgegeben.

Kuriositätshalber sei noch erwähnt, daß man im Soldatenjargon eine Brust voller Auszeichnungen

une batterie de cuisine, wörtlich: Küchengeschirr nennt und der Volksmund von einem großen blitzenden Ordensstern respektlos

un crachat sagt (Spuckfleck), wegen der strahlenartigen Form, die heftig geschleuderte Spucke am Boden annimmt.

Ein häufig gebrauchtes Wort, mit dem man in Frankreich auch außermilitärisch viel Bekanntschaft machen kann, ist *la pagaïe,* (sprich: pagaje), es bedeutet Unordnung, Durcheinander und im Kasernenhofton: Sauhaufen.

La musique ist die Militärmusik; offiziell heißt sie musique militaire oder la musique de régiment. Sie tritt besonders bei einer

revue in Erscheinung, bei einer Truppenschau, auch revue militaire genannt, um sie von der revue = Zeitschrift, Rundschau und der Bühnenrevue zu unterscheiden. Revue heißt ferner: Musterung und auch Wiedersehen, da es ja von

revoir, wiedersehen, kommt;

(la) parade ist nicht unsere Parade, sondern Abwehr (»Stich und Parade«), ferner: Aufmachung, selten als Hauptwort vorkommend, häufiger dagegen als

parader einherstolzieren, paradieren. Den gleichen Stamm hat

parer abwehren, zuvorkommen und schmücken. Ein

bal paré, (wörtlich: ein »geschmückter Ball«), war ein Ball, auf dem man nur in der klassischen Balltoilette erscheinen durfte. »Paré« antworten die Matrosen auf ein Manövrierkommando. Truppenbesichtigung kann man nicht mit Inspizierung übersetzen, sondern mit dem französischen

l'inspection.

La flotte, die Flotte (englisch: fleet) kommt von flotter = obenaufschwimmen. Der Admiral aber, so verlockend es wäre, ihn vom lateinischen admirare = bewundern abzuleiten, ist aus dem Französischen übernommen, wo sich das Wort allerdings ohne d schreibt und offenbar richtiger

l'amiral heißt, da die Franzosen es von dem arabischen amir (emir) = Chef geholt haben.

Commandeur ist kein ausgesprochen militärischer, sondern immer nur der dritthöchste Rang eines Ritterordens, vor allem in der Légion d'honneur, wo dieser Rang familiär auch mit

la cravate bezeichnet wird, Krawatte, weil das Kommandeurkreuz am Halse getragen wird.

Es erübrigt sich vielleicht darauf hinzuweisen, daß

le régiment vom französischen régner = herrschen, régime = Herrschaft kommt.

Le mess ist das Offiziers- oder Unteroffiziers-Kasino; es ist ein englisches Wort, von dem die Franzosen allerdings behaupten, daß es aus dem Französischen komme und zwar von mets = die (Eß)platte.

(La) messe ist die kirchliche Messe. Trotz der Gleichheit der Wörter.

Le canon, die Kanone, ist italienischen Ursprungs. Aber auch der Gewehrlauf heißt canon, daher das Kommando

»baïonnette au canon!« »Seitengewehr pflanzt auf!«

Le parachutiste, le para der Fallschirmjäger. Mischmasch ist möglicherweise französischen Ursprungs, wo es

mic-mac (sprich: mikmak) heißt.

La soupe ist das militärische Abendbrot

ranger heißt ordnen, rangieren und kommt aus dem Französischen, man muß für Rangierbahnhof

une gare de triage (oder *de manœuvre*) sagen, bei welcher Gelegenheit erwähnt werden soll, daß

la manœuvre das Manöver von manœuvrer = handwerken = manövrieren kommt (manus lat. = Hand, franz. la main und œuvre das Werk), während

le manœuvre den Handwerker, den Arbeiter bezeichnet.

La consigne, ist die Gepäckaufbewahrung auf Bahnhöfen, in der Militärsprache bedeutet

consigner einsperren und

consigner les troupes dans les casernes, die Truppen alarmbereit halten.

L'instruction dagegen bedeutet Unterricht, Bildung; ferner gerichtliche Untersuchung.

Le juge d'instruction ist der Untersuchungsrichter, schließlich besagt es als

instruction des recrues auch militärische Ausbildung der Rekruten.

Exécution capitale heißt Hinrichtung, von exécuter = hinrichten; ebenso unmißverständlich ist

fusiller, erschießen (von le fusil = das Gewehr). Dagegen darf

exécuter un ordre nur mit »einen Befehl durchführen« übersetzt werden, wenn man nicht scherzen will;

exécuter une saisie ist: eine Pfändung vornehmen.

S'exécuter will auch nicht heißen, daß einer sich selbst umbringt, sondern, daß er etwas befolgt. Erfreulicherweise kann man auch

exécuter un ballet, für »ein Ballett vorführen« und

exécuter un morceau de musique für »ein Musikstück spielen« sagen, wobei dann der boshafte, aber nicht originelle Kunstkritiker schreibt, der betreffende Künstler hätte das Stück »exekutiert«.

Weitere Ausdrücke, um Mißverständnisse zu vermeiden,
(Arzt, Schule, Post, Fahrzeug usw.):

Le commandant ist der deutsche Major, während

major der Stabsarzt ist;

docteur, der Arzt wird immer und in allen Fällen mit »docteur« angesprochen, ohne »monsieur«, auch der Ausländer kann ihn ruhig so ansprechen, ohne ungezogen oder familiär zu erscheinen. Untergeordnete Angestellte und Beamte des öffentlichen Lebens wie Kellner, Gepäckträger, Briefträger werden auch nur mit dem Titel angesprochen: Garçon! Porteur! Facteur! Man kann zu ihnen »monsieur« sagen, aber unter Weglassung des Titels, weil dies ein wenig ironisch klingen würde. Spricht man aber mit einem Minister, einem Bürgermeister, einem Priester, so fügt man den Titel bei:

Monsieur le Ministre, Monsieur le Maire, Monsieur le Curé.

Le toubib Arzt im Jargon, wird heute viel verwendet;

ordonnance das Rezept, das Ihnen der Arzt verschreibt.

Une recette von welchem das deutsche Rezept kommt, heißt zwar Anweisung, aber hauptsächlich als

recette de cuisine Küchenrezept bekannt;

recette Geldeinnahme,

réception Empfang.

Chirurgien-dentiste Zahnarzt, auch

stomatologiste, wenn er Kieferkrankheiten behandelt. Wenn Ihr Magen *estomac* nicht in Ordnung ist, gehen Sie also auf keinen Fall zu einem stomatologiste,

un gastro-enterologiste Spezialist für Magen und Darm wäre dafür zuständig.

Un interne ist nicht der deutsche Internist, den es in diesem Sinne in Frankreich nicht gibt, da alle Organe ihre Spezialisten haben, er ist der junge *»toubib«*, der nach seinen glücklich beendeten Examen im Krankenhaus praktiziert.

Der praktische Arzt ist

le médecin,

l'oculiste, l'ophtalmologiste der Augenarzt.

Un radiologue ein Röntgenologe,

se faire radiographier sich eine Röntgenaufnahme machen lassen.

Une radio eine Röntgenaufnahme,
un poste de radio, un poste de T. S. F. ein Radioempfänger.
»*Au poste*« sagt man populär in Paris für: »Aufs Polizeirevier«, das sonst den Namen
(le) commissariat de police, trägt. Und weil wir schon dabei sind: die Zelle auf dem Polizeirevier heißt familiär
au violon, was sonst eine Violine ist.
La poste, weiblichen Geschlechts ist die Post. Sehr verbreitet ist in Frankreich die Abkürzung des amtlichen Titels der Post, die (früher P. T. T. abgekürzte)
P. et T. = Postes et Télécommunications. Noch gebräuchlicher ist die Abkürzung
T. S. F. Télégraphie sans fil, wörtlich Telegrafie ohne Draht.
Ouf! Ist der Ausruf für eine Erleichterung. Sie haben z. B. auf einer verbotenen Stelle einen Wagen überholt, was
douler une voiture heißt. *Ouf!* Welches Glück, Sie brauchen also keine
contravention, contredanse Strafe zu zahlen!
Einen Polizisten redet man auf keinen Fall mit
flic an, was der gebräuchliche populäre Ausdruck für Polizisten ist, sondern mit
monsieur l'agent. Flic, (nach dem Feldwebel Flick, einer populären Lustspielfigur) darf man zu einem Polizisten niemals sagen.
Les hirondelles, les vaches à roulettes (wörtlich: Schwalben, Kühe auf Rollen) sind volkstümliche Spitznamen für Polizisten auf Fahrrädern, »*les hirondelles*«, weil sie schwarze, flügelartige Umhänge tragen.
Les motards Polizisten auf Motorrädern;
motocyclette, moto Motorrad
vélo, bécane, bicyclette Fahrrad
vélomoteur, cyclomoteur Moped
le carburant der Brennstoff im allgemeinen
l'essence Benzin

la benzine Benzin, als Reinigungsmittel
le champignon (wörtlich: der Pilz) ist der Gashebel in der Volkssprache.
L'Institut ist die Académie Française;
l'instituteur der Volksschullehrer.
La faculté, la fac, la Sorbonne die Universität
le lycée das Gymnasium
le bac (v. *baccalauréat*) Abitur
le gymnase der Turnsaal
le brevet das staatliche Diplom
école communale staatl. Volksschule, ohne Religionsunterricht
école laïque, école libre staatliche, bzw. religiöse Grundschule
le devoir (wörtlich: Pflicht) die Schulaufgabe
la tâche Arbeit, Aufgabe die zeitbedingt ist, nicht mit den Kunstmalern
les tachistes zu verwechseln, *tache* ist wörtlich Fleck und in diesem Sinne Farbtupfen.

Und nun ein Wort, das am meisten mißverstanden wird:
fantaisie ist nicht unsere Phantasie, denn die heißt
imagination.

Fantaisie ist schwer zu übersetzen, sie kann capriziös, lustig, ungehemmt, verspielt heißen, etwas, wozu man natürlich Phantasie braucht.

Se payer une fantaisie, se payer le luxe sich etwas Besonderes gönnen

être un fantaisiste, un hurluberlu eine närrische, unabhängige Lebensweise führen

bijoux de fantaisie unechter Schmuck

un pain de fantaisie langes Weißbrot mit Verzierungen

tissus de fantaisie buntgemusterte Stoffe

un fantaisiste der Komiker

un homme fantasque der Phantast.

Paris, Pariser Begriffe, Allgemeines

Paris ist nicht Frankreich, sagen die Franzosen, sagt sogar der Pariser, wenn er sich über Unarten seiner Stadt ärgert. Wer nur Paris kennt, weiß recht wenig von Frankreich, wer aber die Provinz, die verschiedenen Provinzen Frankreichs kennt, kommt dann eines Tages darauf, daß Paris doch Frankreich repräsentiert. Das ist kein Paradoxon. Paris stellt Frankreich mehr dar als etwa London England. Warum wohl? Paris ist die einzige Millionenstadt des Landes, und mehr noch: die einzige Hauptstadt wenn man so sagen darf.

Jede Hauptstadt nährt sich vom ständigen Zuzug und Nachschub ihrer Provinzen. In anderen Ländern geht das etappenweise vor sich. Vom Dorf kommt der Mann in die nächstgrößere Ansiedlung, in den Hauptort seines Distrikts, in die Hauptstadt seiner Provinz. Deutschland, England sind die Länder der großen Städte mit weltmännischem Anstrich. In diesen Ländern ist der Mann vom Lande, den es in die Stadt zog, stationsweise zur Hauptstadt des Landes — la capitale — aufgestiegen; wenn er in London landet, hat er bereits langsam Gang, Gehaben und Akzent seiner Provinz abgeschliffen. Er ist dann reif, Londoner zu werden. In Frankreich ist das anders. Wenn dieser Mann in Paris aus dem Zug steigt, hält er den Akzent seiner Provinz so unberührt fest wie seinen Willen, es zu etwas zu bringen. Auf diese Weise erklärt sich manches für den Kenner des Landes, was für den Fremden, der nur Paris kennt, lange Zeit ein Rätsel bleibt.

Wie sollte er sich z. B. die gewisse Uneleganz eines Franzosen erklären, die so abstechend wirkt neben der Eleganz der Pariserin; oder die engherzige Konservativität im Einhalten der Essenszeiten, um von gewissen Gewohnheiten des Essens selbst gar nicht zu reden. (»Ein Abendbrot ohne Suppe, la bonne soupe, ist kein Abendbrot«, sagt der Pariser, genau wie der Bauer auf dem Lande ...); die oft erstaunliche Unhöflichkeit, die man im Straßenleben finden kann und die von den Leuten aus dem Norden, der Normandie oder direkt aus dem Gebirge eingeführt wird. Daneben diese Blume der Höflichkeit, daß jeder Franzose, auch die Dame, wenn sie einem Fremden auf der Treppe begegnen, leise »pardon« sagt, auch auf einer breiten Treppe, wo man einander nicht den Weg versperrt. Erst nach langer Gewohnheit begreift der Fremde, daß es sich weniger um eine Entschuldigung handelt, als um eine Art diskreten Grußes zwischen Unbekannten innerhalb eines Hauses ... Natürlich entsendet die Provinz auch Gutes, wertvolle Proben ihrer Existenz in die Hauptstadt: Kenntnis des Weins, des Gemüses, der Naturprodukte, Fleiß, Sparsamkeit, Nüchternheit, Tugendhaftigkeit. Paris ist die arbeitsamste, fleißigste Stadt, die Stadt der kleinbürgerlichen, bescheidenen Wohnungen, in denen ungebrochen alle Traditionen des bürgerlichen Haushalts und der Nüchternheit gepflegt werden, und Paris ist gleichzeitig die frivolste, verbummeltste Stadt Europas, in der Unsummen für Amüsements, Parfüms, Toiletten und Getränke ausgegeben werden. Wohl küssen sich Pärchen und Ehepaare ungeniert auf den Straßen, als ob sie allein mit sich wären, aber diese Ungeniertheit soll nicht zu falschen Schlüssen führen; das hat nichts mit schlechten oder guten Sitten zu tun, es ist Tradition. Es zeugt von erfrischender Unbefangenheit derer, die es tun – und das Pariser Volk tut's ausnahmslos – und von großer Ausgeglichenheit der anderen, die es sehen und sich nicht »schockiert« fühlen. In Paris ist der Puritaner eine lächerliche Figur. Und was die Laster betrifft: die Statistiken sind in Paris nicht schlimmer als in irgendeiner anderen Weltstadt! Die natürliche Anmut aber, die alles umgibt, was in Frankreich mit Liebe zu tun hat, gehört zu den beneidenswertesten Vorzügen dieses Landes und dieser Stadt, und von dieser Anmut mag sich vielleicht die undefinierbare Atmosphäre nähren, die Paris für die Welt so anziehungsvoll macht.

Es gibt kaum einen Pariser, der nicht irgendwo in der Provinz, auf dem Lande zu Hause ist, kaum einen Pariser Geschäftsmann oder Arbeiter, der nicht träumt, sich eines Tages in ein kleines Häuschen auf dem Lande fern von Paris zurückzuziehen, und eben dieser Pariser ist auch Kosmopolit. Ein Kosmopolitismus, dessen Wurzeln in der Provinz stecken. Dieses so wesentliche Element, fast das charakteristischste von Paris, begreifen die Fremden nur selten, oft auch solche nicht, die lange in Paris leben.

Wie viele falsche Bilder von Paris laufen in der Welt um! Und nirgends in der Weltliteratur haben so viele Dichter aller Epochen und Schriftsteller jeden Ranges ihrer Stadt so viele Werke gewidmet, wie die französische Literatur es für Paris getan hat! Die prosaischen Erklärungen und Erläuterungen, die im nachfolgenden anhand sprachlicher Beispiele zu finden sind, verfolgen den bescheidenen Zweck, einen Einblick in die unwägbaren kleinen Einzelheiten des spezifisch Pariserischen zu ermöglichen. Erleben muß Paris jeder selbst.

Boulevards sind als Straßenform keine Besonderheiten von Paris; man bezeichnet damit breite, mit Bäumen bepflanzte Straßen. Boulevard kommt von Bollwerk und tatsächlich bilden die Grands Boulevards von Paris ursprünglich die Linie, an der sich die Befestigungsmauern befanden. Die allen Städten gemeinsame Tendenz, sich nach dem Westen hin zu entwickeln, in Paris also gegen die Champs Elysées zu, bewirkt, daß die Bedeutung der zentralen Boulevards, die um die Jahrhundertwende noch die »Hauptstraßen« waren, sehr zurückgegangen ist. Als »elegant« gilt heute nur noch das kleine Stück von der Oper bis zur Madeleine.

Midinettes nennt man die jungen kleinen Schneidermädel, die sich in den Werkstätten der großen Modehäuser um wenig Lohn mühen. Daß sie trotzdem lebenslustig wirken, unbeschwert erscheinen und oft hübsch sind, macht sie zu einer der typischen Figuren des Pariser Straßenbildes. Die Literatur hat sie ausreichend und sentimental besungen. Daher so zahlreiche Mißverständnisse im Ausland, das nach Paris blickt. Midinette kommt aus der – sprachlich glücklichen – Verbindung von midi = Mittag und dinette, der Verkleinerung von diner =

essen. Es handelt sich also um arme Geschöpfe, die mit viel emsiger Arbeit so wenig verdienen, daß sie ihr bescheidenes Mittagessen, statt im Restaurant, auf Parkbänken sitzend, verzehren müssen und, was ihnen die Literatur so hoch ankreidet, davon noch den Spatzen abgeben. So wie die Franzosen das Parfüm erfunden haben, um ursprünglich ihren empfindlichen Mangel an körperlicher Hygiene zu vernebeln, so stellt auch dieses poetische Bild von der leichtlebigen Midinette, die im Grunde so viele wertvolle Tugenden der französischen Frau in sich trägt, auch nichts anderes als die Verhüllung sozialer Untugenden dar. Aber auch das hat sich geändert und ändert sich: die Midinetten essen heute in Kantinen.

Midi, weil wir schon dabei sind, heißt Mittag, Mittagsstunde. Man sagt nie: douze heures, sondern midi, wenn es 12 Uhr schlägt und nachts

minuit, wenn es soweit ist (mi = halb).

Midi wird auch als Bezeichnung für den Süden gebraucht; für den Süden Frankreichs kennt man eigentlich bloß den Ausdruck »dans le midi«, »le midi de la France« (wo die Sonne im Mittag steht). Bei Schiller und in noch späterer deutscher Prosa findet man häufig: gegen Mittag für Süden. Der Ausdruck

le sud, sprich: süd, ist natürlich akademisch richtig, er ist wenig gebräuchlich. (Der Südbahnhof in Brüssel z. B. heißt »gare du Midi«). Man sagt auch im Prinzip von einem Südländer, er sei ein

méridional, meint aber damit meist den Südfranzosen, und mit

les pays méridionaux südliche Länder. In diesem Zusammenhang sei u. a. darauf hingewiesen, daß der Franzose, wenn er vom europäischen Westen und Osten spricht, gewöhnlich

l'occident, und *l'orient* sagt: *Europe occidentale* Westeuropa

Europe orientale Osteuropa. Nur bei ausgesprochen geographischen Angaben verwendet er

l'Est für Osten und

l'Ouest für Westen; ebenso gerne, wenn auch nur in der Schriftsprache, sagt er, seiner lateinischen Abkunft sich erinnernd

septentrional für nördlich. Eine

maîtresse ist nicht immer etwas Unmoralisches, es kann sogar das Gegenteil sein: die Schullehrerin, wofür man allerdings auch

maîtresse d'école sagt. Wörtlich heißt es bekanntlich Herrin (maître und Meister, der Herr), ist dasselbe Wort, wie die verschiedenen französischen Eigennamen Mestre und Demestre usw. beweisen. Die Herrin des Hauses ist die

maîtresse de maison, von der der Hausangestellte kurz sagt »ma maîtresse«, wenn er nicht »patronne« verwendet.

Une maîtresse de maison accomplie eine vorzügliche Hausfrau

un cordon bleu eine prima Köchin

une femme d'intérieur eine Hausfrau

une ménagère eine Hausfrau, die sich um den Haushalt kümmert. Ein anderes doppelsinniges Wort ist:

(la) cocotte. Es hat neben dem in Deutschland bekannten Sinn der Kokotte noch folgende Bedeutung: der eiserne Schmortopf heißt so, daher auf den Speisekarten die für Deutsche oft verblüffenden Namen veau oder bœuf en cocotte. Eigentlich ist der Ursprung des Wortes: Hühnchen, das man in einer Klangnachahmung des Hühnerhofs cocotte nennt. Nur so ist es zu verstehen, daß jede Mutter zärtlich zu ihrem Kind und jeder Mann zur geliebten Frau »ma cocotte« sagt, mein kleines Hühnchen (und die Frau zum geliebten Mann »mon coco chéri«, was man auch zu kleinen Buben sagt).

Anstelle von »cocotte« sagt man eher

une femme entretenue eine ausgehaltene Frau,

une poule de luxe ein Luxusweibchen.

Coco ist dann gleichzeitig im Pariser Jargon die Bezeichnung für Kauz, Kerl geworden. Außerdem heißt noix de coco Kokosnuß. Schließlich nennt man in der Gesangskunst die kurzen Töne der Koloratur gleichfalls »les cocottes«.

Cocu ist ein ganz anderes Wort, nämlich Hahnrei, auch als Eigenschaftswort zu gebrauchen. Der Ursprung soll

coucou sein, der Name für den Kuckuck, der seine Eier in fremde Nester legt. Es soll in diesem Zusammenhang nicht unerwähnt bleiben, daß ein

œuf coque die geläufige Bezeichnung für ein frisches Ei ist.

Oeuf à la coque ist dagegen ein gekochtes Ei. Schwer zu sagen, ob hier das coque von Kochen kommt oder von

coquille, was ja Eierschale heißt, und im übertragenen Sinn auch Druckfehler.

Une coque ist der Schiffsrumpf.

Une coquette sagt man von einer koketten Frau ohne andere Bedeutung.

Un beafsteak (bifteck, steak) bestellt man:

bleu blau, fast roh

saignant blutig, wenig gebraten, *à point* rosa

bien cuit durchgebraten

Un bifteck tartare oder *américain* rohes, gehacktes, gewürztes Rindfleisch. Unter

judas versteht man wohl die biblische Figur, sonst aber ein kleines Guckfenster, das meistens an Portiertüren zu finden ist.

Le (oder *la) concierge* ist der Portier oder die Portiersfrau, in Paris ganz wichtige Persönlichkeiten, die einst das Haus wirklich bewachten, jeden Fremden zur Rede stellten und nach Torschluß (22 Uhr), da es in Paris kaum Hausschlüssel gab und auch heute noch nicht gibt, vermittels des

»cordon«, der »Schnur«, Nachtvögel ein- und ausließ. Wenn man das Haus verließ, hatte man vor der Portiertüre vernehmlich nichts anderes als »Cordon, s'il vous plaît« zu rufen. Die Haustür wurde dann meistens vermittels einer Luftdruckvorrichtung geöffnet, die die Portiersleute von ihrem Bett aus durch Druck auf einen Gummiball auslösen konnten. Der automatische Türöffner existiert erst seit 1957. Die selig träumende Portiersfrau mit dem Gummiball in den Armen war ein

verbreitetes populäres Bild der Pariser Witzblätter. Ein- und Ausgehende hatten beim Vorbeimarsch an der Portiertüre deutlich ihren Namen zu brüllen, wenn sie es nicht erleben wollten, daß ihnen ein Gespenst im Nachthemd mit unfreundlichen Worten nachlief. Diese wenig angenehme Kontrolle des Privatlebens, die einen überraschenden Widerspruch zum Unabhängigkeitsbedürfnis der Franzosen bildet, ist heute vorbei, aber noch immer hat die »concierge« die Post in Händen: ein Gesetz erlaubt dem Briefträger nur mit eingeschriebenen Briefen in die Etagen zu steigen, sonst wird die gesamte Post beim »concierge« abgegeben. Man kann diesen übrigens gelegentlich auch

(le) portier, nennen, was ungebräuchlich ist, aber die »concierge« niemals

la portière weil dies Wagen- oder Waggontüre heißt. Man sagt einfach: »Madame«. In den Pariser Wohnhäusern gibt es keine Namensschilder an den Türen. Diese Sitte, die dem im Hause Fremden sehr unangenehm sein kann, wenn er gerade niemanden in der

loge de concierge der Portierswohnung antrifft, um da nach der gesuchten Wohnung zu fragen, geht auf eine uralte Sondersteuer zurück, die zwar nicht mehr erhoben wird, aber immer noch in Geltung ist. Deshalb findet man in den Häusern der besser bemittelten Klassen sehr häufig auf den Fußmatten vor den einzelnen Türen die Anfangsbuchstaben des Wohnungsinhabers eingewebt. Nichts drückt übrigens den Provinzcharakter des Parisers besser aus als diese so unpraktische Einrichtung: In der kleinen Provinzstadt, aus der er stammt, weiß ohnedies jeder, wo der andere wohnt. Wozu also Namensschilder? Wenn der Pariser von den

Tuileries spricht, meint er den Garten des berühmten Königsschlosses, das es seit 1870 nicht mehr gibt; damals ist es während des Aufstandes der Kommune niedergebrannt. Das Schloß hieß so, weil diesem gegenüber eine

tuilerie, eine Ziegelei (von tuile = Ziegel) gestanden hatte. In der Volkssprache meint man mit »une tuile« eine unangenehme Überraschung, die einem widerfährt, ähnlich wie bei uns der Ziegelstein auf den Kopf.

Montmartre ist, wie der

Montparnasse, ein großes Pariser Stadtviertel, in denen mehr Bürger und Arbeiter leben als Künstler und Bohemiens. Im ersteren war vor 1900 der Künstler- und Bohemebetrieb zuhause, der dann später, auf den Montparnasse übersiedelte. Die Atmosphäre dieser bewegten und manchmal exzentrischen Künstlerwelt brachte es mit sich, daß sich auf beiden Hügeln oder »Bergen« (mont) der Nachtlokalbetrieb einnistete. Dieses Zentrum der Künstler und derer, die sich für merkwürdige Gestalten interessieren, befindet sich heute in Saint-Germain des Prés, in der Nähe der gleichnamigen Kirche, mit den einst berühmten Existentialisten-Cafés »Les Deux Magots«, »Le Flore«.

Le Mont de piété wörtlich: Berg der Frömmigkeit, wie der pietätvolle Titel des städtischen Versatzamtes lautet, populär auch

»chez ma tante« »bei meiner Tante« genannt, oder

»au clou«, »am Nagel«. Verpfänden heißt

engager, was sonst auch auffordern und engagieren bedeutet.

Un gage ist ein Pfand, und das deutsche Fremdwort Gage kann man nur für Lohn bei Hausangestellten verwenden, sonst sagt man

appointement, oder einfach

le salaire; bei Künstlergagen, besonders, wenn es sich nicht um feste Bezüge handelt, gebraucht man

(un) cachet. Die Soldaten dagegen, und auch die Offiziere, empfangen

une solde, gleichzeitig bedeutet »solder« oder »en solde« = Ausverkauf. »Solde« (männl. Geschlechts) heißt eigentlich »Rest«, der Bankausdruck »per saldo« wird gleichfalls mit »solde« wiedergegeben.

La salle des pas perdus (wörtlich: Saal der verlorenen Schritte) nennt man die großen Wandelgänge (Aula) auf Gerichten, Parlamenten und Bahnhöfen, mit und ohne Säulen, offenbar, weil das Echo der Schritte in diesen verhallt, »verloren« geht. Das

Palais-Bourbon ist der Sitz der Nationalversammlung in Paris und das

Palais du Luxembourg der des Senats. Man nennt beide Institutionen kurz nach ihren »Wohnorten«.

Die Bezeichnung Apotheke gibt es nicht, diese heißt

la pharmacie dagegen kommt der Ausdruck

la boutique von dem griechischen Apotheke (Ort, an dem etwas deponiert wird). Man bezeichnet mit boutique einen kleinen Laden, oft in verächtlichem Sinn, aber heute heißt »boutique« das elegante kleine Modegeschäft, in dem die Modelle der großen Modehäuser zu kleineren Preisen verkauft werden. Kaufladen, Geschäft

le magasin (sprich: magasän),

Grand Magasin, Warenhaus, und

un magazine (sprich: magasin) ist eine illustrierte Zeitschrift. Das deutsche Magazin dagegen nennt man

dépôt, entrepôt. Die

droguerie ist in Frankreich bekannt, sie kommt aber unter diesem Namen selten vor; sicher bekommt man dann in einem solchen Geschäft keinerlei Arzneimittel, sondern Farben, Gummiartikel, Spielzeug. Man frage also am besten gleich nach einem

marchand de couleur, dem Farbenhändler.

Herboristerie ist das Spezialgeschäft für Kräutertee.

Drogue heißt Betäubungsmittel, häufiger noch

stupéfiant genannt, wenn es sich um Rauschgifte handelt. Daß »Guten Tag«

bonjour heißt, weiß jeder Deutsche, bevor er die französische Grenze überschritten hat; vergeblich aber wird er einen Ausdruck für »Guten Morgen« suchen: Auch da sagt man nur »bonjour«, bon matin wäre lächerlich; »bonsoir, bonne nuit« (guten Abend, gute Nacht) gibt es. Man wünscht sich auch ein

(le) bon retour, gute Heimkehr. Es ist wichtig, den Gruß nie allein zu sagen, sondern immer »Monsieur, Madame oder Mademoiselle« hinzuzusetzen, sonst ist es unhöflich und sogar beleidigend. Dieser Brauch geht soweit, daß man, besonders in in Läden, ein kurzes »Monsieur« oder »Madame« (M'sieur, M'dame, M'selle«, (aus welchen letzteren übrigens das deutsche Mamsell wurde) sagt, ohne »bonjour« oder »bonsoir« hinzuzufügen. In der Welt der Portiers und anderer professioneller Grüßer ist es Sitte, Männern und Frauen, die gemeinsam gegrüßt werden sollen, ein kollektives »Bonjour Messieurs-Dames« zu geben. Es ist aber unkorrekt, — ein gut erzogener Mensch kann es nicht sagen.

Pissenlit ist ein Salat, der im Wörterbuch mit Löwenzahn verdeutscht wird, wörtlich übersetzt heißt es ganz etwas anderes. Wir verraten nur, daß lit, Bett heißt. Neugierige mögen nachschlagen.

Marseille und das ebenso oft vorkommende

Versailles werden, wie überhaupt alle s inmitten französischer Wörter, so ausgesprochen, als ob sie mit drei s geschrieben würden. Ein Spaßvogel heißt

un loustic (sprich: lustik) und kommt aus dem Deutschen. Man kann dafür auch

farceur sagen oder

un joyeux drille.

Ein anderes Wort, das in beiden Sprachen gleich klingt, aber andere Bedeutungen hat, ist

fatal. Im Deutschen will fatal den Begriff des Unangenehmen, Peinlichen unterstreichen; im Französischen bedeutet dieses Wort unabwendbar; in der medizinischen Sprache: tödlich.

Un homme courageux ist ein mutiger Mann, von courage = Mut, aber eine

femme courageuse bedeutet eine arbeitsame Frau, vielleicht weil sie, in der französischen Konservativität, sich mutig vorkommt, wenn sie arbeitet. Aber auch hier haben die beiden Weltkriege alles radikal geändert. Die französischen Frauen sind sehr fleißig und arbeiten viel.

Un homme brave ist ein mutiger Mann, von »bravour« = Schneid. Dagegen versteht man unter

un brave homme einen braven Mann. Brav im Sinne von artig gibt es nicht, dafür sagt man

sage, und »enfant sage«: Ist ein artiges Kind;

un sage aber ist ein weiser, kluger Mann, weil »sage« weise und klug bedeutet. Auch

intelligent hat mehrfache Bedeutung: »intelligent«, wie es im Deutschen gebraucht wird, aber

»pour l'intelligence d'une chose« heißt: »zum Verständnis einer Sache«; und

intelligence avec l'ennemi: Spionage.

Cacahouettes: der rauhe Schrei eines echten Marokkaners, bedeutet nichts Geheimnisvolles, es sind Erdnüsse, die er verkauft und deren Schalen man ruhig auf den Terrassen aller Lokale, in denen der Verkauf erlaubt ist, auf den Boden werfen kann.

Un bohème ist das, was man im Deutschen unter einem Bohemien versteht, mit weiblichem Geschlecht bedeutet es den Sammelbegriff (die Boheme).

Bohémien heißt ein Bewohner von Böhmen oder aber (auf Grund geographischer Mißverständnisse) ein Zigeuner, den man auch

tzigane nennt, wenn er musizierend auftritt, sonst *gitan, romanichel.*

Ein häufig gebrauchtes Fremdwort, das unendliche Verwirrungen anrichten kann, ist zum Beispiel

provision; es heißt Proviant oder Vorrat und die Hausfrau, wenn sie einholen geht, geht

»aux provisions.«

Ein

»chèque sans provision ist ein ungedeckter Scheck. Das im Deutschen angewandte »Provision« heißt wider alles Erwarten

une commission. Aber *»faire une commission«* will sagen: eine Botschaft ausrichten und Besorgungen machen. Also bitte bei Provisionen und Kommissionen kein Durcheinander anrichten. Fahrkarten, die man trotz der Sprachreinigung hartnäckig »Billet« nennt, heißen im Französischen hauptsächlich

ticket. Billet (sprich: bijè), kann sowohl eine Fahrkarte sein, wie Banknote, während

coupures kleinere Banknoten heißen, von couper = schneiden.

Das Eisenbahnabteil heißt

compartiment, und der Waggon

voiture, der Wagen, neuerdings auch »wagon«.

Le perron, wie man heute noch gelegentlich den Bahnsteig auf deutsch nennt, ist die kleine Terrasse, zu der einige Stufen führen.

La rampe dagegen heißt Geländer. Der Bahnsteig

le quai (sprich: kee).

La voie ist das Geleise. Der Schaffner hat den Titel

contrôleur, und den Autobusschaffner nennt man

receveur.

Mécanicien Mechaniker, ist der Lokomotivführer, und

chauffeur der Heizer, beim Auto der Fahrer.

Un touriste ist ein Reisender, ein Bergsteiger ist ein

alpiniste.

Une gouvernante ist keine Erzieherin, sondern die Haushälterin. Die Erstere ist

une institutrice, die Lehrerin, und

instituteur der Lehrer; Prinzenerzieher hießen

gouverneur, es ist, wie der Beruf selbst, ungebräuchlich geworden und bedeutet heute nur noch den Titel des höchsten Verwaltungsbeamten, dagegen scheint es zur deutschen Gouvernante Anlaß gegeben zu haben. Der Hauslehrer oder der Erzieher heißt

précepteur, was nicht mit dem ähnlich klingenden und viel unangenehmeren

percepteur Steuereinnehmer, zu verwechseln ist.

Portefeuille ist eine Brieftasche und außerdem die Bezeichnung für Ministerposten, diesen nennt man im Zeitungsjargon auch ein

maroquin, weil elegante Ministeraktentaschen aus Maroquinleder angefertigt werden. In diesem Zusammenhang sei erwähnt, daß

un cabinet die Regierung, das Kabinett, ist und der stille Ort, während ein

cabinet de ministre ein Ministerbüro ist. Das Notariats- oder Anwaltsbüro nennt man

l'étude, von studieren. Büro ist wohl

un bureau, gleichzeitig aber auch ein Schreibtisch, den wir einen »Diplomaten« nennen.

Un corridor wird selten verwendet, man sagt

le couloir, womit auch der Gang im D-Zug benannt wird.

Un atelier kann ein Maleratelier sein, sonst aber ist es die Bezeichnung für Werkstatt und Fabrik. Für das Künstleratelier verwendet man häufiger

un studio, wörtlich Studierzimmer. Daß man für Friseur

coiffeur zu sagen hat, braucht kaum noch erwähnt zu werden, hingegen aber, daß

friser locken, gelockt, heißt und auch noch »streifen, anstreifen« bedeutet; (z. B. »cela frise le crime« = das streift, grenzt an Verbrechen«). Es gibt dagegen einen

raseur, darunter versteht man allerdings nur einen unerträglichen Schwätzer, (»il me rase«, heißt, er langweilt mich und »il est rasoir« er ist langweilig).

La barbe, wörtlich der Bart, bedeutet, beim Friseur ausgesprochen: »Bitte, rasieren Sie mich«. Außerhalb des Friseurladens ist es ein Ausruf des Mißmuts und heißt etwa: »Wie langweilig!« Haar schneiden zeigt man dem coiffeur mit

une coupe an –, couper = schneiden, dagegen heißt ein Schneider

(le) tailleur.

Coiffer heißt frisieren und für die Damen sei vermerkt, daß eine Dauerwelle

une permanente heißt und

une mise en plis eine Wasserwelle. Eine Schneiderin, die ausschließlich Damenkleider herstellt, ist die

couturière, wobei zu bemerken ist, daß es auch

couturiers gibt, in der Regel Leiter großer Modehäuser, die zur

haute couture gehören.

Une veste ist keine Weste, sondern eine Jacke, und

un veston nennt man unser Jackett, dagegen ist das

(le) gilet die Weste. Ein Männeranzug ist:

un complet.

Une jaquette entspricht dem deutschen »Cut«.

Pantalon nennt man die lange Hose und die Kniehose

culotte. Die Unterhose, die in diesem Zusammenhang unvermeidlich ist, benennt sich

caleçon, die ganz kurzen Damenhöschen heißen sehr richtig

cache-sexe, dessen wörtliche Übersetzung man sich selber zusammensuchen möge. Cacher heißt verstecken. Man sagt auch

un slip.

Combinaison ist Unterkleid, die combinaison, aber, die man über das Kleid anzieht, bedeutet, den Arbeitsanzug des Mechanikers. Ein Frack ist ein

habit, und ein Zylinder nennt sich ein

haut-de-forme (»Hohe Form«). Eine

chemise ist ein Hemd, aber auch der Aktendeckel. Ein

faux-col ist kein falscher, sondern ein richtiger Kragen zum Anknöpfen.

Une manchette ist nicht nur eine Manschette, sondern auch die »Schlagzeile«, die große Überschrift einer Zeitung.

Was sagt man, wenn man sich ein Kleidungsstück machen lassen will?

Se laisser faire heißt, sich gefallen, vergewaltigen lassen, während man

(se) faire faire sagen muß, wenn man (sich) etwas machen läßt.

Das Wort »kaputt« ist im Deutschen wohl ausländischen Ursprungs, kommt aber im Französischen nicht vor. Es ist nur durch

cassé, brisé, abîmé wiederzugeben. Im Zweifelsfall genügt es aber »kaputt« zu sagen, weil es kaum noch einen Franzosen gibt, der dieses Wort nicht seit den beiden Weltkriegen kennt. Gelegentlich benutzt er es selbst ironisch.

Das Wort Attrappe kommt wohl aus dem Französischen, man muß es aber mit

postiche übersetzen und gleichzeitig das entsprechende Hauptwort dazusetzen, etwa: »un fusil postiche« = eine Gewehr-Attrappe. Falsche Haare sind *des cheveux postiches.*

Mit

une perruque bezeichnet man die weiße Perücke mit Zopf, die man früher trug, oder die Theaterperücke. Eine Perücke in unserem Sinn ist

un toupet, welches Wort man auch anwendet, wenn man von jemandem sagen will, daß er frech ist. Von einem solchen sagt man auch, er habe *du culot,*

culotté unverfroren (ursprünglich: hat einen soliden Hintern).

Une attrape ist endlich eine Falle für Einfaltspinsel, Gimpel, und kann in unserem Sinne nicht verwandt werden.

Jalousie ist die Eifersucht; das Ding am Fenster nennt man

le volet, Fensterladen und wenn es ein Rollvorhang ist

le store. Das deutsche Fremdwort Gardine muß mit

le rideau der Vorhang, übersetzt werden. Eine Fensterscheibe nennt man in der Umgangssprache

le carreau (kleines Viereck); sonst

la vitre. Ein Kirchenfenster ist ein

vitrail und die Mehrzahl davon les vitraux.

Rez-de chaussée ist das »deutsche« Parterre eines Hauses; der Zwischenstock — in Österreich: Mezzanin—heißt *entresol.* Das deutsche Souterrain ist ein *sous-sol,* das Untergeschoß, nicht mit

(la) cave der Keller, zu verwechseln.

Terminus ist die Endhaltestelle jeglicher öffentlicher Beförderungsmittel,

terme »Terminus« ist die Bezeichnung für die vierteljährliche Miete einer Wohnung, und der übertragene Ausdruck für Ende.

Clavier bedeutet nur »Tastatur«, ein Klavier hingegen ist ein

piano und ein Flügel ein

piano à queue, was man mit »Klavier mit Schwanz« übersetzen könnte.

Piano crapaud wörtlich: Frosch = Stutzflügel.

Étoffe, das vom deutschen »Stoff« kommt, wird jedermann als das verstehen, was man zu einem Kleide benötigt, doch sagt man besser:

un tissu, ein Gewebe.

Un ouvrage d'art, heißt wohl wörtlich ein Kunstwerk. Man versteht aber darunter alle Arten von Bauten militär- oder verkehrstechnischer Natur. Für das Kunstwerk hingegen sagt man

une œuvre d'art, und

(le) chef-d'œuvre für Meisterwerk.

Impotent, auch von Damen ausgesprochen, soll einen nicht verlegen machen, denn es heißt gelähmt, bewegungsunfähig, wofür man auch

paralysé (e) sagen kann. Das peinliche Wort hingegen heißt

impuissant, wörtlich »unfähig«, also auch in allen Fällen anzuwenden, bei denen man nicht zu erröten braucht.

Marc (sprich: mar, aber Mark, wenn es sich um den Vornamen handelt), ist ein aus Trebern gewonnener Schnaps, dann der Kaffeesatz (marc de café); eine

marche bedeutet Stufe und außerdem Grenzgebiet, das französische Wort stammt aus dem altgermanischfränkischen »marka«. Der Markt dagegen heißt

le marché und kommt aus dem Lateinischen und

conclure un marché einen Handel abschließen. Weil

bouteille Flasche heißt, und

flacon Fläschchen, soll man trotzdem nicht »flacon d'eau« sagen, wenn man im Café eine Flasche Wasser haben will, sondern

une carafe d'eau.

Filiale für Zweiggeschäft, ist mehr in Belgien und der franz. Schweiz gebräuchlich. In Frankreich sagt man

succursale.

Le courrier ist der Sammelbegriff für Briefschaften: man frage also bei der concierge nach dem »courrier« und nicht nach der »poste«. Das Wort kann auch für Kurier verwendet werden. Der Postbote ist der *facteur.* Wir erwähnen ihn nur, weil dieses Wort in einigen Wörterbüchern auch mit »Gepäckträger« übersetzt wird. Dieser heißt

porteur. Reklame machen kann wohl durch

faire de la réclame ausgedrückt werden, man wendet es aber seltener an als

faire de la publicité, womit man mehr die gedruckte Reklame meint.

Une partie ist »ein Teil«, oder auch eine Partie; heute sagte man »partie« auch für Gesellschaft, vom englischen *»party«* übernommen und auch so geschrieben.

un parti ist eine Partei. Aber

prendre un parti heißt nicht: Partei ergreifen, sondern einen Entschluß fassen, während das erstere, also Partei ergreifen, mit

prendre parti ausgedrückt wird.

Un journaliste ist ein Journalist, einer, der für den Tag arbeitet,

un journalier einer, der pro Tag arbeitet, also ein Tagelöhner. Sehr umstritten ist die Herkunft des in viele Sprachen der Welt übernommenen Wortes

chic: sicher ist nur, daß es ursprünglich ein in der Sprache der Malerei gebrauchter Ausdruck gewesen war. Es soll angeblich der Name des Lieblingsschülers Monets gewesen sein. Das etymologische Wörterbuch von Larousse bringt die viel wahrscheinlichere Erklärung, die für Deutsche nicht wenig erstaunlich sein mag, daß chic nicht, wie manche glauben, vom spanischen chico = klein komme, sondern vom deutschen Schick, Geschick. Glaubhafter wird dies durch den dem Begriff nahen Ausdruck »es schickt sich ...« Dagegen ist

chichi sprich: schischi, das der Franzose für »groß angeben«, »Getue« verwendet, französischen Ursprungs.

Chiqué könnte das Hauptwort von chichi sein und heißt Schwindel, Übertreibung.

Grenadine ist kein weiblicher Grenadier, sondern ein furchtbar süß schmeckender Saft aus Granatäpfeln, den man, mit Wasser vermischt, Kindern gibt, während die Eltern Apéritif trinken.

Man benützt ihn auch zu Apéritifmischungen.

Vabanque ist ein französisches Wort, beziehungsweise zwei Wörter (va = geh, banque = Bank), die es in keinem Wörterbuch gibt, und mit Recht, denn es bedeutet überhaupt nichts und wird auch von keinem Franzosen verstanden. Was wir darunter verstehen, heißt:

banco, banque à tout va, risquer le tout pour le tout »alles aufs Spiel setzen«.

Le dessert ist der Nachtisch, Dessert, was ja allgemein bekannt ist, weniger bekannt dürfte aber sein, daß

désert (mit einem s), die Wüste, oder, als Umstandswort, verlassen heißt. Es empfiehlt sich in jedem Fall, dieses eine s hörbar zart auszusprechen, etwa wie in »sehr«, um Verwechslungen zu vermeiden. Dasselbe gilt von

poisson Fisch und

poison Gift, wo das s wie bei désert zu sprechen ist.

Chaussée ist der mittlere Teil einer Straße, der Fahrdamm, und was wir darunter verstehen, heißt

la route und die große (Auto-) Hauptstraße, *route nationale.*

La revanche gibt es als Hauptwort mit der gleichen Bedeutung wie im Deutschen, wobei man dies allerdings nur in feindseligem Sinne anwenden kann;

»en revanche« heißt »dafür«, »hingegen«; jemanden »als Revanche« zum Essen einladen, muß man anders ausdrücken, wenn man nicht belächelt werden will, etwa »c'est à moi (oder c'est à mon tour de vous inviter. Wörtlich: es ist an mir die Reihe ...) Revancher, wird nicht verwendet, wohl aber

venger und

se venger, was rächen oder sich rächen heißt. Bei der Gelegenheit: wenn man »jemanden freihalten« etwa mit: »tenir libre« übersetzen wollte, hieße das nichts, die deutsche Redensart muß durch »ich lade Sie ein«

je vous invite, wiedergegeben werden.

Folgende Ausdrücke aus dem Gebiet der Lebensmittel sind, obwohl sie nichts damit zu tun haben, von großer Wichtigkeit:

un pot-de-vin, wörtlich Weintopf, ist ein unerlaubtes Trinkgeld, ein Bestechungsgeld, man kann dafür auch sagen:

graisser la patte die Pfote schmieren, auch

arroser, begießen.

Une assiette au beurre, wörtlich Butterteller, ist, vor allem im Politischen, das Symbol für den großen Kuchen, von dem jeder, der am Parteitisch sitzt, sich ein Stück abschneidet. Die gute Stelle, *la bonne place. »Il a un fromage«* wörtlich, er hat den Käse, bedeutet das Gleiche.

Jemanden eine

poire, Birne nennen, will einen Gutmütigen bedeuten, den man materiell ausnützen kann. Der Berliner hat eine dieser nahe kommende Wendung in: »er hat eine weiche Birne«.

Le panier à salade, der Salatkorb, ist der Polizei-Zellenwagen, der bei uns unter »grüner Minna« bekannt ist.

Rouler heißt nicht nur rollen in allen möglichen Zusammenhängen, sondern auch »einseifen«, »hereinlegen«, was man allerdings beim Friseur nicht anwenden darf.

Poulet rôti ist ein gebratenes Huhn, *poulet* ist auch ein Polizist,

poule ein Kochhuhn, und außerdem die Bezeichnung für ein »leichtes Mädchen«, das in der teuren Rangordnung

une poule de luxe heißt. Eine

légitimation hat nichts mit dem im Deutschen gebräuchlichen Ausdruck zu tun, wenn es sich um eine Kennkarte handelt, eine solche heißt

Carte d'identité während légitimation ein juristischer Fachausdruck für Anerkennung außerehelicher Kinder ist; das Adjektiv

légitime bedeutet außer dem Begriff, den es auch im Deutschen hat, noch = berechtigt.

Patron ist keineswegs ein Schimpfwort, sondern das Gegenteil: der

Prinzipal. Aber selbst in der eleganten Sprache kann man burschikos für alle Häupter, angefangen bei dem eines Ministeriums bis zum Besitzer des kleinsten Weinausschanks »patron« sagen und zur Frau »patronne«. Besonders Wirte tituliert man einfach mit »patron« (und nie mit Monsieur le patron). Selbstverständlich heißt es auch »Schutzpatron«; und endlich Schnittmuster.

Will man einer Dame ein Kompliment machen, indem man sagt, sie habe eine schöne ...

figure (sprich: figür), so freut sie sich zwar auch, denn das heißt, sie habe ein schönes Gesicht. Wenn man aber

elle est bien faite oder im Jargon

elle est bien roulée, bien balancée = sie ist schön gebaut, ihr direkt sagt, so ist man eben kein feiner Mann mehr.

Wir sind hier bei einem besonders heiklen Kapitel. Man kann, wohlgemerkt immer in der dritten Person, sagen, die Dame hätte einen

beau corps, einen schönen Körper, aber es hängt ganz davon ab, mit wem man spricht; zum Gatten der Betreffenden kann man es nicht sagen. Unfehlbar, überall erlaubt und immer verstanden, sind die konventionellen Formen

une jolie femme für: eine Frau mit hübschem Gesicht und

une belle femme für eine gutgewachsene, große Frau, die der Franzose schlechthin als schöne Frau bezeichnet, als eine, die eine sehr gute Figur hat, mag sie auch nicht »schön« sein.

Elle a de l'allure, bedeutet: »sie sieht gut aus«. Überdies kann allure so etwas wie Tempo bedeuten, denn man sagt

le train allait d'une allure modérée »der Zug fuhr in langsamem Tempo«.

Letzteres Wort auch französisch ausgesprochen, gibt es nicht. Man verwendet dafür

rhythme, wörtlich Rhythmus. Tempo kommt vom lateinischen tempus, französisch

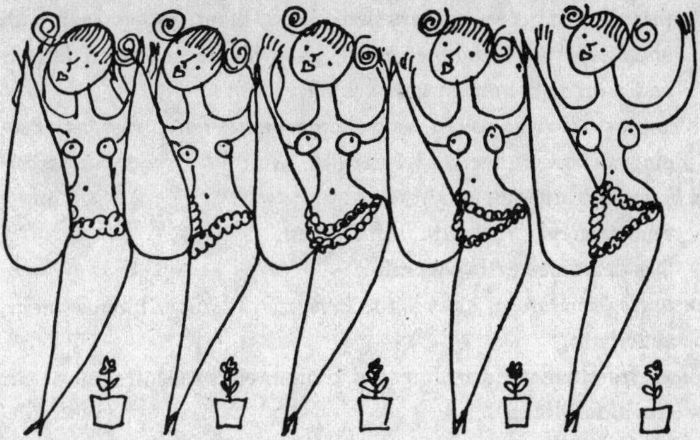

le temps, die Zeit und bekanntlich auch das Wetter. Mit einem
établissement bezeichnet der Franzose jede Art geschäftlicher Niederlassung und nicht nur Vergnügungslokale.
Étable der Stall. Für einen Saustall, eine unbeschreibliche Unordnung, kann man auch allerdings sehr unfein
quel bordel sagen.
Paris ist voll von
Hôtels garnis, kurz »garnis« genannt. Es sind kleine, bescheidene Hotels, in denen bescheidene Leute wohnen; sie dienen auch als Absteige; in diesem Fall nennt man sie gerne
maisons de passe; maison de rendez-vous; dem deutschen Hotel garni entspricht
un meublé.
Junggesellen beiderlei Geschlechtes und Studenten wohnen in Paris meist in solchen Hotels.
Das so französisch klingende »Blamage« existiert im Französischen überhaupt nicht. Man kann sich auch nur schwer erklären, wie dieses Wort zu seiner Bedeutung gekommen sein mag, denn es leitet sich unzweifelhaft von
un blâme ab, was Verweis, Tadel heißt, und

blâmer tadeln, Verweis erteilen. Die »Blamage« ist wörtlich überhaupt nicht zu übersetzen, ganz als ob es diesen Begriff im Französischen nicht gäbe; es wäre

se compromettre zu sagen, »sich kompromittieren«, was das »Blamage« ebenso ungenau wiedergibt, wie

la honte, die Schande und

se rendre ridicule, sich lächerlich machen.

Das deutsche »extra« ist mit

en outre, en plus, en dehors zu übersetzen (darüber hinaus, mehr, außerhalb)

un »extra« heißt in der Umgangssprache: eine Aushilfe, meist ein Aushilfskellner.

Maronen, Kastanien heißen

les marrons, (les châtaignes = Roßkastanien), aber einen

avocat marron oder einen

banquier marron nennt man einen Schwindler, einen zweideutigen Anwalt, oder Bankier, also Leute, die sich mit einer

affaire louche, wörtlich eine »schielende Angelegenheit« befassen.

Un marron ein Faustschlag. Übrigens:

un hôtel borgne, wörtlich ein »einäugiges« Hotel, also ein »louche«, schielendes Hotel, bedeutet ein zweideutiges Haus.

La correspondance ist die Korrespondenz, der Briefwechsel, aber auch Umsteigestation, Zuganschluß, Verbindung. (Umsteigen = changer).

Cousu de fil blanc wörtlich »mit weißem Faden genäht«, entspricht unserem »eine durchsichtige Lüge«.

Ein paar Wörter, die aus dem Lateinischen ins Deutsche übergegangen sind, im Französischen aber trotz der ähnlichen Bedeutung nicht immer das gleiche sagen wollen, sind

ordinaire, gewöhnlich, meist im Sinne von »einfach«, während unser —»ordinär« — mit

vulgaire auszudrücken ist, was aber gleichfalls »gewöhnlich« ohne bösen Beigeschmack sagen will; ein drittes Wort *commun* (sprich: kommön), kann, je nach dem Zusammenhang, gewöhnlich, einfach oder auch gemeinsam bedeuten. Aber

vulgariser bedeutet etwas sehr Achtenswertes, nämlich: populär machen und

une œuvre vulgarisatrice ist ein populärwissenschaftliches Werk.

Wenn der Franzose sagt

»mal au cœur« meint er wohl Herzweh, aber auch Übelkeit; er will eben genau festlegen, daß ein Magenübel auf das Herz wirkt und ihm dadurch allgemeine Übelkeit verursacht. Erst die auf den Magen lokalisierten Schmerzen nennt er

»mal à l'estomac«.

Weihnachten

Von allen christlichen Feiertagen muß den Deutschen das Weihnachtsfest

la Noël, (sprich: No-el, von natalis, lateinisch die Geburt) wegen der völligen Verschiedenheit des Festcharakters verwundern. Auch der deutsche Katholik wird erstaunt sein, mitzuerleben, daß der ihm so heilige Abend, das Symbol des christlichen Familienfestes, im katholischen Frankreich ausgesprochen das Gegenteil, ein durchaus »unheiliges« Fest ist. An diesem Abend, an dem in Deutschland jede Art öffentlichen Lebens und gesellschaftlicher Verpflichtungen rigoros aufgehoben ist, um den Ansprüchen des engsten Familienlebens Platz zu machen, gerade an diesem Abend verläßt der Franzose sein Heim. Es ist für ihn nicht ein heiliges, sondern ein durchaus fröhliches, der Geselligkeit gewidmetes Fest. Es ist der Abend, an dem der bürgerlichste, ja gerade der spießigste Franzose sich verpflichtet fühlt, bummeln zu gehen, das einzige Fest, das man nicht im trauten Heim feiern kann. Mögen die Unterschiede in den einzelnen Provinzen, je nach Charakter und christlicher Tradition, noch so groß sein, im wesentlichen ist es überall dasselbe. Man ißt zuerst zu Hause ein leichtes, fröhliches Abendbrot, meist mit Freunden; fromme Katholiken warten natürlich mit dem Essen bis nach der Mitternachtsmesse. Die Stimmung ist unfeierlich, denn der Christbaum fehlt. Gibt es diesen aber da und dort, wo man diese fremde »elsässische« Sitte nachahmt, weil sie hübsch ist und den Kindern Spaß macht, so fehlt das Einmalige, Undefinierbare, das der deutschen geweihten Nacht anhaftet. Die Sitte, Geschenke zu geben, fehlt ebenfalls. Bloß die Kinder stellen ihre Schuhe nachts in den Kamin, damit ihnen der Weihnachtsmann

le père Noël etwas hinein tue. Nach dem Abendbrot geht alles zur Mitternachtsmesse. Sie ist selbst für die nichtausübenden Katholiken eine »Attraktion«, weil auch arme Kirchen bei dieser Gelegenheit große Anstrengungen machen, um besondere musikalische Leistungen »zu bieten«. Nachher strömt ganz Frankreich ins Restaurant. Man muß sich in Paris, um in den besonders schicken Lokalen Platz zu finden, oft schon zwei Wochen vorher seinen Tisch reservieren lassen, was man

retenir une table nennt. Unter Musik und Tanz und viel Champagner, Konfetti und Papierschlangen, feiern die Franzosen ihr Weihnachtsfest, das sie nicht mit Unrecht

le réveillon nennen, von réveiller = wecken, wachen, aufbleiben. Die gebratene Weihnachtsgans ist in Frankreich

la dinde, die Pute, mit Maronen gefüllt. Das klassische Essen wird durch Austern eingeleitet, außerdem ist es die einzige Gelegenheit, bei der kein Franzose versäumt, vom Nachtisch ab Champagner zu trinken. Sonst nämlich – und das wird den Deutschen verwundern – trinkt der Franzose sehr wenig Champagner, auf alle Fälle weniger, als man in Deutschland annimmt. Sicher aber nie zum Essen, sondern zum Nachtisch oder als

apéritif, der auch dieses Buch einleitete.

Bezeichnend für die »Öffentlichkeit« des Festes, das für den Deutschen die stille heilige Nacht bedeutet, ist, daß die meisten

Pariser Theater, bestimmt aber alle Kinos, kurz nach Mitternacht noch eine Nachtvorstellung einlegen, wozu die Lichtspieltheater ausschließlich lustige Programme zusammenstellen.

Der geschmückte Christbaum als Symbol ist nur in den Ostprovinzen Frankreichs und in Belgien bekannt. Über Paris hinaus, nach dem Westen und Süden des Landes zu, wird der Tannenbaum durch die »Krippe«,

la crèche, ersetzt, und besonders in Südfrankreich und in der Provence baut man für die Kinder die Szene von Christi Geburt, mit Stall und den heiligen drei Königen, dem Esel und den anderen biblischen Figuren auf. In der Provence gibt es ganze Gegenden, die von der Erzeugung der Figuren des Krippenspiels les santons genannt, leben. Die Weihnachtsmärkte sind voll von diesen Arbeiten, die oft kindlich primitiv, aber immer anmutig und häufig genug auch sehr künstlerisch sind. Jahrhunderte alte Tradition hat hier formgebend gewirkt.

Der Brauch, Geschenke zu geben, wird zu Neujahr geübt und

les étrennes sind die Neujahrsgeschenke. (Das Wort kann nur in der Mehrzahl benutzt werden), aber

étrenner heißt etwas erstmalig tun, einweihen. Das klassische Geschenk ist die Bonbonnière und Rosen, die an diesem einen Tag oft das zehnfache ihres Preises erreichen. Die Sylvesternacht kann man wohl

la nuit de la Saint-Sylvestre nennen, und man wird von jedermann verstanden werden, der Franzose aber sagt wiederum

réveillon, er fügt, um nicht mißverstanden zu werden, je nach Bedarf

(réveillon) du jour de l'an hinzu. Der Betrieb in dieser Sylvesternacht unterscheidet sich sonst in nichts von dem des Weihnachtsréveillon. Das Mitternachtsmenu wird durch die traditionellen getrüffelten Weißwürste und durch die unerläßliche

bûche (wörtlich: Holzscheit), einem Kremkuchen in Holzscheitform, erweitert.

Abschluß dieser Festperiode ist das Fest der Heiligen Drei Könige *le jour des Rois* genannt, oder auch *Epiphanie*, das am 6. Januar stattfindet. Es ist ein neuer Anlaß zu Tanzunterhaltungen und üppigen Mahlzeiten, bei denen es die *galette des rois* gibt, runde Blätterteigkuchen, von denen immer einer ein winziges Püppchen enthält. Wer es in der Tafelrunde erhält, wird von den anwesenden Damen als »König« begrüßt, geküßt, und es geht die Legende, daß der oder die Betreffende noch im selben Jahr heiraten werde. Es ist ratsam, beim Essen dieser galette vorsichtig zu sein, weil das heftige Hineinbeißen in diese Porzellanfigur ebenso schädlich sein kann, wie das Herunterschlucken derselben, von der Gefahr des Heiratens nicht zu reden.

Apropos, Legende, soll hier erwähnt werden, daß dieses Wort, ebenso wie das Adjektiv légendaire wohl dieselbe Bedeutung wie im Deutschen besitzt, sonst aber »Bildunterschrift« heißt, oder auf Landkarten einfach: »Erklärung«, bei diesen letzteren ist eine *échelle* wörtlich: Leiter, der Maßstab.

Französische Ausdrücke deutschen Ursprungs

Die Zahl deutscher Wörter, die mit mehr oder weniger großen Veränderungen ihrer Form oder ihres Sinnes ins Französische übergegangen sind, ist überraschend groß. Vielleicht findet sich gelegentlich ein Fachgelehrter, der darüber eine Statistik aufstellen kann. An geschichtlichen Gelegenheiten, im Verlauf derer solche Wortwanderungen vor sich gegangen sind, fehlt es ja nicht. Seit den Völkerwanderungen hat es kein Jahrhundert, kaum ein Jahrfünfzig gegeben, in dem nicht kriegerische Bewegungen diese beiden Völker in nähere Berührung gebracht haben. Auch auf diese Weise kann man sich kennenlernen, und von solchen »Besuchen« blieb und bleibt dann immer etwas haften. Die deutlichsten Spuren finden sich dann in der Sprache.

Im nachfolgenden stellen wir, ziemlich wahllos, die auffallendsten von den Wörtern zusammen, die zu erwähnen wir im Verlauf anderer Kapitel keine Gelegenheit hatten. Sehr viele finden sich, des jeweiligen Zusammenhangs wegen, über das ganze Buch verstreut. Es ist selbstverständlich, daß auch diese Zusammenstellung keinen Anspruch auf Vollständigkeit erheben kann.

Ein Wort, das unverkennbar deutschen Ursprungs ist, lautet

la schlague, womit der Franzose einen Knüttel meint und vor allem: mit dem Knüttel antreiben. Es kommt selbstredend von schlagen und scheint älteren Ursprungs, sicher aus dem 18. Jahrhundert, zu sein. Man versteht darunter auch die Stockstrafe, die es früher einmal in der alten friderizianischen Armee gegeben hat. Wie und aus welchem Anlaß es in die französische Sprache kam, ist unbekannt, sicher aus keinem guten.

Im gleichen Zusammenhang ist der

reître zu nennen, (sprich: rätre), womit man einen ungeschlachten, rüden Kerl bezeichnet. Es ist unser deutsches Wort Reiter; man verstand ursprünglich, und auch heute noch, unter einem reître den gefürchteten deutschen Reitersmann aus der Zeit des Dreißigjährigen Krieges, während welchem dieser viel in Frankreich herumgekommen war und offenbar auf die Franzosen keinen guten Eindruck gemacht hat, so daß es nach und nach zu dem erwähnten übertragenen Sinn des Wortes gekommen ist. Ähnlich, wenn auch nicht ganz so schlimm, steht es um den

lansquenet, was eine Französisierung unseres Landsknecht ist, und dann im übertragenen Sinn, einen brutalen Burschen bedeutet.

Ein viel freundlicheres Wort deutscher Abkunft ist

trinquer, das von trinken kommt, wie jedermann sieht, und das freundschaftliche Anstoßen der Gläser oder das Sich-zutrinken bedeutet. (Merkwürdigerweise heißt in der Volkssprache trinquer auch: unschuldig eine Rechnung bezahlen, das Bad ausgießen.)

Ein komisches Wort ist

le vasistas, eine Art Klappfenster, das sich in Türen oder im Fenster selbst befinden kann. Das Wort ist aus der deutschen Frage »Was ist das?« entstanden, angeblich durch die verwunderte Frage von Deutschen, was denn dies sei, nämlich dieses Klappfenster. Diese Frage, die die Franzosen offenbar sehr interessierte, soll dann das Wort geschaffen haben. Merkwürdig ist, daß kein französisches Lexikon sich bemüht, mehr über die sonderbare Art der Wortschöpfung auszusagen.

Aus dem österreichischen Knödel wurde

quenelle, wörtlich »Teigkloß«, den es aber in der französischen Küche nur in Verbindung mit Fleisch- oder Fleischmischungen gibt.

Unverändert blieb der

Kursall oder *Kursaal,* (sprich: Kürsall), den man besonders in den Badeorten der französischen Kanalküste und noch mehr in Belgien antrifft. Aus dem altgermanischen Sal ist

la salle geworden, im Deutschen der Saal, und das altsächsische halla hat in beiden Sprachen

la halle, die Halle ergeben.

Un flan ist der Fladen, aus dem Fränkischen übernommen, und

un krapfenn der deutsche Krapfen.

Der starke Einfluß der deutschen Musik hat das

lied auch in den breiteren Volksschichten zu einem geläufigen Begriff gemacht; le lied ist der besonders in Deutschland gepflegte romanzenartige Gesang und bedeutet etwas anderes als la chanson. Ebenso ist

le leitmotiv, besonders durch die Wagneropern, unverändert in den französischen Sprachgebrauch aufgenommen worden. Ganz französisch klingt dagegen *la valse*, der deutsche Walzer, und »valser« = Walzer tanzen.

Espiègle, zu deutsch: schalkhaft, stammt von Eulenspiegel.

L'étape, die Etappe ist, germanischen Ursprungs. Andere Wörter, die sich kaum verändert haben, sind

le havresac, ursprünglich Hafersack, bedeutet den Rucksack, den *sac au dos*.

Le blockhaus, sprich: blockhos, kleine bunkerartige Befestigung.

Le hinterland ist ein Wort, für das es im Französischen tatsächlich keinen anderen Ausdruck gibt, seine Importierung also notwendig war, auch bei

(l') ersatz, das den deutschen Begriff unverändert wiedergibt, kann das französische »remplacement« das deutsche Wort Ersatz doch nicht vollständig »ersetzen«.

Le vaguemestre ist sichtlich deutscher Herkunft; dieser Wagenmeister ist in der französischen Armee der Unteroffizier (Feldwebel oder Wachtmeister), der den Fuhrpark unter sich hat, beim Regiment und dessen Unterabteilungen der Militärbriefträger im Mannschaftsstande.

Halte! (sprich: alt!), ist aus der deutschen Kommandosprache übernommen worden.

Daß die französische Militärmütze, das betreßte

képi, einfach das deutsche Wort Kappe ist, wird nicht weiter erstaunen, wenn man erfährt, daß es die Französierung der elsässisch-schweizerischen Form Käppi darstellt. Auf dem képi des französischen Offiziers zeigen die Tressen (galons), ebenso wie früher auf seinen Ärmeln und jetzt auf den Schulterstücken, die verschiedenen Rangunterschiede an, was man dann populär ficelle nennt, »Strippe«.

Eines der schlimmsten französischen Schimpfwörter, dessen wir hier nur Erwähnung tun, weil es angeblich aus dem Deutschen kommt, ist

vache, wörtlich heißt es: Kuh, für unsere Begriffe also zwar nichts sehr Freundliches, aber keineswegs etwas so Arges, wie es im Ohr des Franzosen klingt. Man hüte sich also, über eine etwas dumme, ungeschlachte Frauensperson dieses Wort zu sagen, das man in einem französischen Buch korrekterweise gar nicht schreiben dürfte. Wenn der Franzose unser »dumme Kuh« sagen will, verwendet er

un veau, »Kalb«. Der Ausdruck »vache« Kuh wird trotz des weiblichen Geschlechts auch auf männliche Personen und schließlich sogar als Eigenschaftswort verwendet. Etymologen erklären die Herkunft dieses schrecklichen Wortes mit der Verballhornung des deutschen »Wache«. (Das deutsche ch wird von den Franzosen bald wie k, bald wie sch gesprochen). Das mißverstandene Wache, bei dem noch das End-E weggelassen wird, heißt also sehr glaubwürdig wasch = vache. Der Ausdruck, der erst gegen Ende des vorigen Jahrhunderts aufgekommen ist, soll aus den berüchtigten Franctireurabenteuern des Krieges 1870 bis 1871 herstammen, in denen die unerbittlichen, deutschen Wachen besonderen Schrecken erregt haben. Diese Erklärung ist nicht wissenschaftlich verbürgt, aber sehr verbreitet. Andere Erklärungen wurden bisher nicht gefunden.

Fritz, ist ein Deutscher. Hier soll, obwohl es nicht ausgesprochen in dieses Kapitel gehört, auch der verbreitete Ausdruck *une querelle d'allemand* erwähnt werden, wörtlich deutscher Streit, womit man einen grundlosen Streit, einen um einer Nichtigkeit wegen bezeichnet.

Schnaps, Schupo, Schnauzer, Guglhupf sind unverändert in die französische Sprache übernommen worden.

II. TEIL

FRANKREICH, SEHR UNAKADEMISCH

Was sind Redewendungen?

DIE FESTGEPRÄGTEN REDEWENDUNGEN einer Sprache dienen dazu, alles Ungegenständliche, Abstrakte leicht und verständlich auszudrükken. Abstrakte Ausdrücke sind von der Entwicklung der Kultur geschaffen und bleiben für das Volk Fremdkörper, aber nur die Ausdrücke, nicht ihre Inhalte. Diese, also alles, was man weder sehen, noch greifen, noch schmecken kann, die Erscheinungen der psychologischen Welt, die geistigen Begriffe sind für das Volk, sogar für den Analphabeten vorhanden. Das Volk hat das Bedürfnis, diese Dinge auszudrücken, auf seine Weise und es tut dies in Bildern, weil es wie Kinder oder die Primitiven nur in Bildern denken kann. Es »bildet« also konkrete, gegenständliche Vorstellungen, es »formt« Vergleiche aus der Welt des Einfachen, Greifbaren. Der Niederschlag dieses Triebes, die unsichtbaren Elemente des Lebens mitzuteilen, ist dann die Redewendung, die Redensart.

Es sind bequeme Formeln, auf die auch unsere hochentwickelten Sprachen nicht verzichten können. Im Gegenteil: der Bilderreichtum einer Sprache ist vielleicht ihr Reichtum schlechthin. Denn in ihm ist der geistige Gehalt einer Sprache zusammengefaßt, sozusagen für den Allerweltsgebrauch in eine handliche Form gegossen, für jedermann zugänglich, von jedermann zu gebrauchen.

Die Eigenart jedes Volkes, sein Genius kommt naturgemäß auch sprachlich in besonderer Form zum Ausdruck. An seinen Redensarten sollst du ein Volk erkennen, könnte ein Sprichwort lauten.

Wer die wichtigsten individuellen Redensarten einer fremden Sprache nicht kennt und denkt, die Kenntnis ihrer Grammatik und einer großen Anzahl von Vokabeln genüge, dem wird es so ergehen wie dem reichen Reisenden, der keine Scheidemünzen, kein landesübliches Kleingeld besitzt ... er wird die kleinen, aber wichtigen Dinge, die den Alltag formen, nicht ohne Schwierigkeiten erledigen können.

Nach welchen Gesichtspunkten soll nun eine Auswahl zusammengestellt werden, ohne in lächerliche Pedanterie zu verfallen? Die alphabetische Ordnung scheint so wenig geeignet wie die gedankliche Reihenfolge. Man würde, hielte man sich ans Alphabet, sehr bald von einem ins andere, vom Hundertsten ins Tausendste geraten (wofür man französisch ... *de fil en aiguille*, wörtlich »vom Faden in die Nadel« sagt). Aber das Volk, das seine Sprachbilder instinktiv bildet, gibt uns da einen wertvollen Fingerzeig. Ihm ist, wie dem Kind, der menschliche Körper der allernächste Gegenstand seiner Forschungen; sein Körper und alles, was dazugehört, wird ihm zum Urbild seiner Vorstellungen von der Welt. Und es ist keine schlechte Schule! Wer aber diese alte Weisheit nicht kennt, wird staunend feststellen, daß sich mit einer kurzen Übersicht der Redewendungen eine Art sprachlicher Anatomie des Körpers ergibt. Was es da beim Menschen an sichtbaren Teilen und Gliedmaßen, aber auch an Funktionen gibt, muß zu einem Bild herhalten. Die einzelnen Körperteile sind sozusagen das Alphabet der Bildersprache. Wie man mit den vierundzwanzig Buchstaben viele Tausende von Wörtern formt, so erweitert das Volk mit den zwei Dutzend Gliedmaßen oder Körperbestandteilen seines Bilderalphabets den Reichtum der Sprache an plastischen Ausdrucksformen.

Die Methode, nach der wir vorgehen wollen, drängt sich also von selbst auf: wir sehen uns unseren Körper an. Statt wie bei einem Baukasten, mit Würfeln eine Figur zu bilden, nehmen wir diese Figur auseinander. Stück für Stück, und wir erreichen so eine Übersicht über den Grundstock der Redewendungen. Wir wollen, um es unseren Lesern zu erleichtern, systematisch sein, aber nicht pedantisch. Redensarten, die im Französischen genau oder fast genauso gebildet sind wie im Deutschen, werden gar nicht angeführt; wir geben von den anderen nur dann auch eine wörtliche Übersetzung, wenn die sinngemäße vom Original zu sehr abweicht.

DER KÖRPER IN DER SPRACHE

La tête – der Kopf

Da wir also nach Möglichkeit systematisch vorgehen wollen, beginnen wir mit dem Kopf. Da heißt zum Beispiel:

en avoir par-dessus la tête wörtlich: etwas über den Kopf haben = bis über die Ohren haben; man sagt auch wie bei uns

j'en ai jusque là ich habe es bis dahin!

Ne savoir où donner de la tête wörtlich: nicht wissen, wohin man den Kopf tun soll = nicht wissen, wo einem der Kopf steht.

Crier à tue-tête wörtlich unübersetzbar, (etwa: schreien, daß einem der Kopf platzt = aus vollem Halse brüllen

se jeter à la tête de quelqu'un sich jemandem an den Hals werfen

une mauvaise tête wörtlich: ein böser Kopf = Brausekopf, ein Aufbegehrer; Aufrührer;

une tête de mulet wörtlich: Kopf eines Maulesels, ein Trotzkopf

un homme de tête wörtlich: ein Mann von Kopf = ein entschlossener Mensch; eine

femme de tête wörtlich: eine Frau von Kopf, ist das, was man bei uns eine energische Frau nennt, die »die Hosen an hat«.

Un coup de tête wörtlich: ein Kopfstoß = eine Unüberlegtheit begehen

une tête carrée ein viereckiger Kopf, bedeutet selten: gediegener Kopf und häufiger Dickschädel, Quadratschädel

une tête brûlée ein überspannter Kopf, ein Tollkopf

à tête reposée oder *froide* überlegt, kaltblütig sein

une bonne tête wörtlich: ein guter Kopf = sympathischer Kerl *faire la tête* schmollen

une tête de Turc wörtlich: ein Türkenschädel = Watschenmann, Zielfigur beim Ringelstechen oder Schießen (aus der Zeit der Kreuzzüge, wo die Türken in Europa die Rolle hatten, den Sündenbock zu spielen, der auch

un bouc émissaire genannt wird)

une tête à queue Autounfall durch den der Wagen um 90° gedreht wird

monter la tête à quelqu'un jemanden aufhetzen. Weil wir gerade beim Kopf sind, sehen wir auch nach dem Gegenteil

La queue – der Schwanz

Faire la queue: wörtlich: Schwanz machen, heißt »Schlange stehen«, während man dafür auch (in Belgien)

faire la file wörtlich: die Reihe bilden, sagt.

Prendre la queue sich am Ende anstellen. Was aber das Wort »anstellen« im Sinne von »sich haben« betrifft, soll gleich, um private Übersetzungsversuche zu vermeiden, verraten werden, daß man dafür

en faire un plat sagt, wörtlich: einen Gang, eine eigene Eßplatte daraus machen, viel davon hermachen.

Cela n'a ni queue ni tête wörtlich: das hat weder Schwanz noch Kopf = weder Hand noch Fuß: welches der beiden Bilder ist wohl ausdrucksvoller?
Man sagt auch

ni rime ni raison wörtlich: weder Reim noch Sinn = das reimt sich nicht. Strenge Leser sollen uns eine solche Ungereimtheit nicht bei diesem Kapitel vorwerfen.

Cela finit en queue de poisson wörtlich: das endet in einem Fischschwanz = ein Ende ohne schlimme Folgen, eine Sache ohne Sinn, ohne Fortsetzung, wie das Hornberger Schießen

quand on parle du loup on en voit la queue wörtlich: wenn man vom Wolf spricht, zeigt er seinen Schwanz = wenn man den Wolf nennt, kommt er gerennt, sagt ein deutsches Sprichwort.

Un piano à queue wörtlich: ein Klavier mit Schwanz = ein Flügel

aller à la queue leu leu im Gänsemarsch, ohne Ordnung gehen

tirer le diable par la queue wörtlich: den Teufel beim Schwanz ziehen = Hunger, Not leiden

queue de pie (wörtlich: Elsterschwanz) Frackweste

Kehren wir der Ordnung halber noch einen Augenblick zum Kopf zurück. Nochmals:

La tête – der Kopf

aber, wie man gleich sehen wird, ohne Gewähr, daß wir nicht wieder in ein anderes Gebiet übergleiten werden.

Se taper la tête contre le mur mit dem Kopf durch die Wand gehen

payer de sa tête mit seinem (Kopf) Leben bezahlen

avoir la tête dure schwer von Begriff sein

il se paye ma tête er macht sich über mich lustig

avoir de la tête Verstand haben, oder eigensinnig sein

conserver sa tête seinen Kopf behalten; kaltblütig sein.

sauver sa tête begnadigt werden

Im Französischen wird dann noch Kopf für manche Dinge gesagt, wo wir andere Ausdrücke verwenden. Eine literarische Bezeichnung für Kopf ist

le chef Haupt, daher

le couvre-chef die Kopfbedeckung, der Hut

la tête d'une armée die Spitze einer Armee

la tête d'un train die Spitze des Zuges

la tête de ligne Kopfstation (Anfang und Ende einer Eisenbahnlinie)

en tête de liste vorn auf der Liste
marcher en tête an der Spitze gehen
être à la tête des affaires an der Spitze der Geschäfte stehen
tenir tête à quelqu'un jemandem die Stirn bieten.

Man soll aber nicht glauben, daß, weil tête so oft Spitze heißt, dies nun überall verwendet werden kann, wo man im Deutschen Spitze sagt. Das wäre zu schön. Ein paar wichtige Beispiele seien hier angefügt:

le sommet d'une montagne, d'un arbre Spitze eines Berges, eines Baumes
le bout du nez Nasenspitze
bec de la plume wörtlich: Schnabel = Federspitze
les sommités die Spitzen (der Behörden)
la pointe die Spitze, aber
le point der Punkt. Auch da gibt es zahlreiche Ausdrücke, wie
à la pointe du jour Tagesanfang;
une pointe d'ironie ein spöttischer Zug; unverändert blieb
la pointe die Pointe
pousser sa pointe seinen Plan mit Eifer verfolgen; schließlich gibt es auch das Zeitwort
pointer spitzen; *se pointer* kommen, ankommen (Jargon); andere wissenswerte Bedeutungen sind:
pointer un canon die Kanone richten
faire le point den Standort feststellen
pointer les absents, les présents die Abwesenden, die Anwesenden notieren
sur la pointe des pieds auf Zehenspitzen
le pointage Zählung bei Abstimmungen im Parlament, ferner heißt es punktieren, bei Vögeln: in die Höhe steigen, bei Pflanzen: keimen, hervorkommen. Aber es ist Zeit, wieder zu unserem anatomischen Sprachplan zurückzukehren.

Le cerveau – das Gehirn

oder das Hirn, für das es noch ein anderes Wort gibt, la cervelle, was gleichfalls Hirn und Gehirn bedeutet. Beide Ausdrücke kann man für das menschliche Gehirn verwenden, cervelle aber nur für das des Tieres, beim Fleischer und im Restaurant, während cerveau meist der damit verbundene Begriff des Verstandes beim Menschen ist.

Un rhume de cerveau Schnupfen
cerveau débile Schwachkopf
il est timbré oder *cinglé* nicht richtig im Kopfe sein (wörtlich: einen Sprung haben, gestempelt sein)
se creuser la tête sich den Kopf zerbrechen
se faire sauter la cervelle sich erschießen
une bonne cervelle ein tüchtiger Kopf
cela me trotte depuis longtemps dans la cervelle das geht mir schon lange im Kopf herum
cervelle d'oiseau Spatzenhirn
ça lui mettra du plomb dans la cervelle das wird ihn zum Nachdenken bringen
les méninges Gehirn (im Jargon). – Auf dem Kopf wachsen...

Les cheveux – die Haare

in welchem Kapitel man sieht, daß Haare in der Suppe keine deutsche Spezialität und »le mal aux cheveux« keine Haarkrankheit sind.

Cheveux en brosse wörtlich: Haar in Bürstenform = kurzgeschnittene Haare haben
en cheveux ohne Kopfbedeckung gehen, wofür man auch
tête nue barhäuptig sagt, aber
à poil nackt, siehe weiter unten: poil.

Se crêper le chignon sich in die Haare geraten (bei Frauen)
se faire faire une mise en plis Wasserwellen legen lassen
se faire des cheveux wörtlich: sich Haare machen = sich abquälen, sich graue Haare wachsen lassen
mal aux cheveux wörtlich: Haarweh = Katzenjammer haben, wofür man weniger salonfähig auch
une gueule de bois sagt, wörtlich: ein Holzmaul.
Cela fait dresser les cheveux sur la tête dabei stehen einem die Haare zu Berge. Eine Redensart ist
cela vient comme un cheveu sur la soupe das paßt wie ein Haar in die Suppe, wofür wir »wie die Faust aufs Auge« sagen. Poetischer ist
cheveux d'ange wörtlich: Engelshaar = feine Suppennudeln. – Einige Leser werden uns vielleicht dankbar sein, wenn wir daran erinnern, daß die Haare, die nicht am Kopf, sondern, falls überhaupt, am übrigen Körper des Menschen wachsen, ferner bei allen Tieren, nicht cheveux, sondern
un poil, les poils heißen.
Poil noir z. B. ist schwarzes Haar oder Fell bei Hunden, Katzen, Pferden. Bei letzteren spricht man sehr hübsch von
une robe einem Kleid. Da sagt man dann auch
coucher le poil die Haare oder das Fell niederbürsten
reprendre du poil de la bête wörtlich: Haar vom gleichen Tier nehmen = sich wieder in den Sattel setzen
à poil splitternackt
au poil = haargenau
une fille au poil = ein patentes Frauenzimmer
avoir un poil dans la main wörtlich: Haare in der Hand haben = Faulenzer sein
le poilu Soldat, kommt von den bärtigen Frontkämpfern
le troufion Infanterist, Jargon für Soldat.

Le front – die Stirn

ist zu einem deutschen Wort geworden, wenn es genau wie im Französischen den Kriegsschauplatz bedeutet. Man soll deshalb nicht vergessen, das Wort ohne t, also »fron« auszusprechen.

Un front serein ein heiteres Antlitz; das kriegerische Bild zeigt sich dagegen in

faire front à l'orage dem Sturm Trotz bieten

de front von vorn, nebeneinander, gleichzeitig

courber le front sein Haupt beugen; wie im Deutschen kann das Wort auch Frechheit bedeuten

il a le front de dire cela er hat die Frechheit (die Stirne) zu sagen

un affront eine Beleidigung, stammt von demselben Wort.

Les oreilles – die Ohren

sind etwas ergiebiger in Bildern, aber die meisten sind den deutschen Redensarten ganz ähnlich.

Baisser les oreilles und *avoir l'oreille basse* die Ohren hängen lassen, mutlos sein

se faire tirer l'oreille sich beim Ohr ziehen, sich lange um etwas bitten lassen; widerwillig nachgeben

prêter l'oreille wörtlich: ein Ohr leihen = Gehör schenken, aufmerksam sein, und schließlich

faire la sourde oreille wörtlich: ein taubes Ohr machen = sich taub stellen.

Dresser l'oreille die Ohren spitzen

y laisser ses oreilles wörtlich: seine Ohren bei einer Sache lassen = mißhandelt werden

avoir la puce à l'oreille einen Floh im Ohr haben, zweifeln, unruhig sein

dormir sur les deux oreilles wörtlich: auf beiden Ohren schlafen =

ganz sicher sein

frotter les oreilles wörtlich: die Ohren reiben = jemanden bei den Ohren ziehen. Schließlich wird oreille auch als Gehörwerkzeug, also nicht nur zu Bildern verwendet. Da sind folgende Ausdrücke zu beachten:

Avoir l'oreille dure oder *être dur de la feuille* schwerhörig (hartohrig) sein

avoir l'oreille juste oder *fausse* richtiges oder falsches Gehör haben

nous sommes tout oreilles wir sind ganz Ohr.

Populäre Ausdrücke für das Taubsein sind noch:

être sourd comme un pot wörtlich: taub wie ein Topf = stocktaub sein

crier comme un sourd wie ein Tauber, wie ein Besessener schreien

frapper comme un sourd unbarmherzig zuschlagen, wie ein Tauber, der durch das Schreien seines Opfers nicht gestört wird. Das Sprichwort

»*il n'est pire sourd que celui qui ne veut entendre*«. »Kein Tauber ist schlimmer als der, der nicht hören will« ist ausdrucksvoller als unser deutsches »Tauben Ohren ist nicht gut predigen«.

Les oreilles ont bien dû vous tinter die Ohren haben Ihnen klingen müssen

dire deux mots à l'oreille de quelqu'un wörtlich: jemandem zwei Worte ins Ohr = ihm seine Meinung sagen, dem Sprichwort

ventre affamé n'a point d'oreille entspricht unser »Einem hungrigen Magen ist wenig zu sagen«.

Le nez – die Nase

Avoir le nez fin oder *bon nez, avoir du flair* eine feine (Spür-)Nase haben, vorsichtig sein

ça lui pend au nez wörtlich: das hängt ihm an der Nase = das kann ihm auch passieren *se casser le nez* wörtlich: sich die Nase verletzen = Pech haben oder jemanden nicht zu Hause treffen (verschlossene Türen finden).

Faire un pied de nez jemandem eine lange Nase machen; aber

aller le nez au vent die Nase hoch tragen, hochnäsig sein

rire au nez de quelqu'un jemandem ins Gesicht lachen

jeter quelque chose au nez de quelqu'un jemandem etwas unter die Nase reiben

claquer la porte au nez wörtlich: die Tür vor der Nase zuschlagen, Schluß machen

mettre le nez dessus etwas erraten (Nase darauf legen)

ça se voit comme le nez au milieu du visage wörtlich: wie die Nase mitten im Gesicht = das läßt sich nicht verbergen. Und hier schließlich, was mit der Nase wirklich zu tun hat:

un nez aquilin eine Adlernase

nez camus, pointu, retroussé; le nez en trompette stumpfe, spitze, aufgeworfene Nase. Der Wissenschaft halber sei noch

un morveux die »Rotznase« genannt.

L'œil – das Auge

wobei wir an die schon in der Schule gelernte unregelmäßige Mehrzahl

les yeux (sprich: lésiö) die Augen, erinnern.

Voir quelque chose d'un bon (mauvais) œil etwas mit guten (schlechten) Augen, gern, ungern ansehen

ça me coûte les yeux de la tête wörtlich: das kostet die Augen aus dem Kopf = das ist furchtbar teuer

ça vous crève les yeux wörtlich: das sticht in die Augen – ins Auge fallend, das liegt Ihnen vor der Nase, während: in die Augen springend

ça saute aux yeux heißt.

Avoir quelqu'un à l'œil wörtlich: auf jemanden ein Auge haben = jemanden sehr überwachen, beobachten

un coup d'œil ein flüchtiger Blick, aber auch ein Augenblick und

un beau coup d'œil ein schöner Ausblick

avoir le coup d'œil heißt einen sicheren Blick haben, dagegen

avoir le mauvais œil den bösen Blick haben

en un clin d'œil in einem Augenblick (eigentlich Augenaufschlag), im Nu

faire de l'œil à quelqu'un jemandem verliebte Augen machen, nicht zu verwechseln mit

regarder quelqu'un du coin de l'œil wörtlich: jemanden aus den Augenwinkeln = von der Seite, verstohlen ansehen

à l'œil wörtlich: mit dem Auge = umsonst. Volksausdruck. Offenbar von

pour ses beaux yeux um seiner schönen Augen willen.

Aux yeux du monde oder *à mes yeux* nach der Ansicht der Welt, nach meiner Ansicht, in meinen Augen

à vue d'œil zusehends, auch: nach dem Anschein

une œillade ein verliebter Blick, ein Schmachtblick

avoir bon pied, bon œil wörtlich: guten Fuß, gutes Auge haben = rüstig (gut zu Fuß) sein.

L'œil au beurre noir ein blaues Auge haben.

La bouche – der Mund

Auch hier gibt es sehr viel mehr Redensarten, als wir anführen; wir lassen, wie erwähnt, alle diejenigen weg, die im Deutschen dasselbe bedeuten. Das will aber nicht sagen, daß sie »nicht wichtig« sind; im Gegenteil: alle ähnlichen oder gleichlautenden Bilder müßten geradezu in einem besonderen Kapitel gesammelt werden – das dann zum umfangreichsten würde – als Beweis dafür, daß die Völker selbst so verschiedener Kulturkreise, wie Germanen und

Romanen, trotzdem eine gemeinsame Sprache, eine Art Bilderesperanto besitzen.

Bouche close reinen Mund halten

être oder *rester bouche bée* oder *béante* Nase und Mund aufreißen, sehr erstaunt sein

faire la fine bouche den Mund spitzen, sich zieren (Mäulchen machen); dagegen

garder quelque chose pour la bonne bouche sich das Beste bis zuletzt aufsparen

avoir la bouche amère einen bitteren, schlechten Geschmack im Munde haben

à bouche que veux-tu wörtlich: Mund, was begehrst du? = nach Herzenslust

faire venir l'eau à la bouche den Mund wässrig machen

il y a loin de la coupe aux lèvres zwischen Lipp und Kelchesrand schwebt der finstren Mächte Hand

une bouche ein Esser

bouche d'égout Gulli

bouche d'incendie Hydrant

être une fine bouche, une gourmet ein Feinschmecker

un gourmand auch ein Feinschmecker, der aber einen guten Appetit hat.

Une gourmandise eine Süßigkeit

avoir dix bouches à nourrir zehn Personen zu ernähren haben

les bouches inutiles überflüssige Personen, unnütze Fresser

la bouchée der Bissen, ein Mundvoll; Namen, die Köche oder Zukkerbäcker kleinen Leckerbissen aus Schokolade geben, Pastete.

Bouches-du-Rhône Rhône-Mündung, Name eines berühmten französischen Departements.

La dent – der Zahn

Hier ist es nützlich daran zu erinnern, daß, so schwer es dem Deutschen fällt, Zahn französisch weiblichen Geschlechtes ist und man eben sagt: elle me fait mal.

Faire ses dents Zähne bekommen
avoir mal aux dents Zahnweh haben
claquer, grincer des dents mit den Zähnen klappern, knirschen
ne pas desserrer les dents den Mund nicht auftun
prendre le mors aux dents wörtlich: auf die Kandare beißen, d. h. durchgehen, Joch abschütteln, über die Schnur hauen
mentir comme un arracheur de dents wörtlich: wie ein Zahnreißer, Bader, lügen = lügen wie gedruckt. Von Quacksalbern, die auf Jahrmärkten ihre Kunst anpriesen. Ein sehr hübsches Bild ist auch:
vouloir prendre la lune avec les dents wörtlich: den Mond mit den Zähnen fassen = etwas Unmögliches machen wollen
n'avoir pas de quoi se mettre sous la dent großen Hunger (lange Zähne) haben; arm sein
avoir une dent contre quelqu'un einen alten Groll oder: etwas gegen jemanden haben; ähnlich
je lui en garderai une dent das werde ich ihm nicht vergessen
être sur les dents ermattet, zum Umfallen müde sein; aber auch: ganz scharf aufpassen, bereit sein
mordre à pleines dents tüchtig beißen, essen
déchirer à belles dents gierig verschlingen oder: auf das schändlichste verleumden.

La lèvre – die Lippe

die bald für Zunge, bald für Maul herhalten muß.
Se mordre les lèvres sich auf die Lippen beißen

pincer les lèvres unzufrieden, mißtrauisch sein
sourire du bout des lèvres, rire jaune gezwungen lachen
faire la grosse oder *vilaine lippe* (lippe = dicke Unterlippe) das Maul hängen lassen, schmollen, maulen.

La langue – die Zunge

hat vor allem die Bedeutung »Sprache«; die meisten Sprachen verwenden die Zunge als Symbol für Sprache und nicht den Mund. Warum wohl? Bloß, weil sie ihr Wort vom lateinischen lingua herleiten? Im Deutschen ist eine Erinnerung an diesen Zusammenhang in »sie redeten mit Engelszungen«, »in allen deutschen Zungen« oder in »doppelzüngig« usw. erhalten.
Une langue chargée eine belegte Zunge
tirer la langue (von Tieren) die Zunge heraushängen lassen; auch pleite sein und jemandem die Zunge herausstrecken
donner sa langue aux chats wörtlich: seine Zunge den Katzen oder Hunden hinwerfen = es aufgeben, etwas zu erraten. Die Zunge als Organ zum Sprechen:
tenir sa langue den Mund halten
n'avoir point de langue sehr schweigsam sein
avoir la langue trop longue schwatzen
se mordre la langue das, was man sagen wollte, unterdrücken, bereuen
avoir la langue bien pendue wörtlich: eine gut eingehängte Zunge haben, zungenfertig sein, ein gutes Mundwerk haben
délier la langue à quelqu'un jemandem die Zunge lösen, zum Sprechen bringen
une mauvaise langue ein Lästermaul, ein Verleumder
Sprichwort:
qui langue a, à Rome va, wörtlich: wer eine gute Zunge hat, kommt bis nach Rom = ein gutes Mundwerk kommt überall durch

langue verte wörtlich: grüne Zunge = unverblümte, ordinäre Sprache oder Gaunersprache.

Wenn wir jetzt von dem Worte languir sprechen, das kränkeln, dahinsiechen, verwelken heißt, so tun wir dies nur wegen der Ähnlichkeit des Wortes. Aber wir nehmen an, daß es unsere Leser vielleicht interessiert, genau zu wissen, wie man »vor Liebe vergehen« auf französisch sagt, nämlich

languir d'amour. Dazu gehört

faire languir lange quälen, schmachten lassen und

languir après quelque chose sich nach etwas sehnen; man kann aber auch

se languir vor Langeweile umkommen; und

languir sous les fers, dans une prison in Ketten, im Gefängnis schmachten. Prosaischer ist

les affaires languissent die Geschäfte liegen still und

la conversation languit die Unterhaltung schläft ein. Aber kehren wir zur reinen Anatomie zurück, oder vielmehr zur Physiognomie.

Le visage – das Gesicht

Il n'a rien d'humain que le visage wörtlich: er hat nichts Menschliches an sich als das Gesicht = er ist unmenschlich, grausam

un visage de bois ein blödes Gesicht

se composer un visage ein ernstes Gesicht zurecht machen

changer de visage die Farbe wechseln

à visage découvert ohne Maske, offen, ohne Verstellung

la figure kann gleichfalls das Gesicht heißen

elle a une jolie figure sie hat ein hübsches Gesicht (nicht aber: sie hat eine gute Figur)

faire une triste figure ein trauriges Gesicht machen; elend aussehen

faire figure Staat machen

la figure de la terre die Gestalt der Erde

parler au figuré in Bildern reden; ein Bild in ganzer Figur ist *un portrait en pied* wörtlich: ein Bild mit Fuß.

In der Volkssprache sagt man

abîmer le portrait à quelqu'un jemandem die Visage zertöppern oder *casser la figure* jemandem die Fresse zerschlagen.

Nun sind wir endlich mit dem edlen Körperteil fertig. Etwas weiter nach unten gehend, kommen wir zu

La gorge – die Kehle

wo dann eine so unschuldige Sache wie die Kehle dazu dient, im Französischen »gut erzogen« oder diskret Körperteile zu bezeichnen, die bei uns nichts mit gorge = Gurgel zu tun haben.

La gorge der Schlund, die Kehle

une gorge enflée oder *enflammée* der geschwollene oder entzündete Hals, gemeint ist das Halsinnere; wenn man

le cou sagt, was auch Hals heißt, denkt man an den Außenteil. Wir werden sofort auf ihn zurückkommen.

Avoir la gorge prise wörtlich: eine benommene Kehle haben = heiser sein, wofür man auch einfacher

enroué, eingerostet sagt. Bevor wir zu anderen Bedeutungen übergehen, sei noch erwähnt, daß

arroser la gorge nicht etwa den Schlund pinseln, sondern ihn begießen, trinken heißt. Gorge bedeutet erstaunlicherweise auch die Brust einer Frau. Der Anblick eines schönen Frauenhalses mag den Gedanken an ihre Brüste wach rufen, aber diese Gedanken müssen offenbar unzüchtig gewesen sein, wenn der Sprachgebrauch des Mittelalters sich auf einen Körperteil beschränkte, der als diskrete Anspielung für ein anderes direktes Wort genannt wird. Vielleicht kommt es aber ganz einfach vom Halsausschnitt bei den Damen der mittelalterlichen Welt, der besagte gorge weitherzig zeigte und überhaupt mehr oder weniger tief blicken ließ? Natürlich heißt

(la) poitrine ebenfalls die Brust, nicht nur beim Schlächter und im Restaurant, sondern auch bei Mann und Frau. Und schließlich muß noch ein anderer Ausdruck für Brust erwähnt werden

(le) sein, weil er allerlei wichtige, wenn auch züchtige Nebenbedeutungen in sich schließt.

Le sein gauche oder *droit* ist die linke oder rechte Brust bei Herren und Damen

presser quelqu'un contre son sein jemand an seine Brust, ans Herz drücken

donner le sein à un enfant einem Kinde die Brust geben, was man auch mit

allaiter säugen (Milch geben) ausdrücken kann; trotz dieser genauen örtlich-körperlichen Bestimmung sagt man aber auch

elle l'a porté dans son sein sie hat ihn unter ihrem Herzen getragen, während es wörtlich hieße: im Busen. Aber le sein heißt eben auch Schoß. Denn

le sein d'Abraham Abrahams Schoß und

le sein de l'église Schoß der Kirche

porter la guerre dans le sein d'un pays den Krieg in das Innere eines Landes tragen

le sein de la terre Schoß, Inneres der Erde

vivre au sein de la famille im Schoße der Familie leben, und natürlich ist

le sein Persique der persische Meerbusen. Aber auch

une poitrine avantageuse ist ein üppiger Busen und

une gorge bien prise eine allseits beliebte Sache, d. h. ein gut sitzender Busen; was dabei manchmal unentbehrlich wird, ein

soutien-gorge, ist, wie man bereits errät, nicht etwa eine Halsstütze, sondern eben ein Büstenhalter.

Prendre quelqu'un à la gorge jemanden an der Gurgel, oder Kehle halten, ihm Gewalt antun; dann wiederum heißt

mettre le couteau sur la gorge jemandem den Hals abschneiden,

ihn zugrunde richten, bedrohen, erpressen
rire à gorge déployée aus vollem Halse lachen
faire rentrer à quelqu'un les paroles dans la gorge jemanden zwingen, zurückzunehmen, was er gesagt hat
chanter de la gorge mit Brustton singen
une voix de gorge, de poitrine Bruststimme
faire des gorges chaudes de quelque chose wörtlich: von etwas heiße Kehlen machen = von einer Sache großes Aufheben, sich lustig machen.

Die zahlreichen weiteren Bedeutungen dieses Wortes stehen in jedem anständigen Wörterbuch. Fügen wir nur noch hinzu, daß
gorger und *se gorger* füttern, sich überfüttern heißt.

Wir sind, durch die Brüste verführt, will sagen, durch die Nebenbedeutungen von gorge, aus unseren systematischen Betrachtungen des Kopfes und seiner Teile herausgerissen worden und unversehens eine Etage zu tief geraten. Kehren wir also zurück. Es gibt da noch

Le menton – das Kinn

bei dem
lever le menton sich entschlossen stellen, zu erwähnen ist und der sehr hübsche Ausdruck
mettre les mains sous le menton wörtlich: das Kinn in die Hände stützen, es sich bequem machen, ungeniert sein.

La barbe – der Bart

ist, streng genommen, kein rechter Körperteil, wohin soll man ihn aber tun?
Prendre de la barbe einen Bart bekommen, sich auswachsen
il n' a pas encore de barbe au menton wörtlich: er hat noch keinen

Flaum am Kinn, ein Grünschnabel, der (im französischen) auch *un blanc-bec* (ein Weißschnabel) genannt wird.

une vieille barbe ein Greis, ein »alter Sauerkohl«

agir au nez et à la barbe de quelqu'un vor der Nase von jemandem etwas Verbotenes tun

rire dans sa barbe sich ins Fäustchen lachen

se faire la barbe rasieren.

La joue – die Wange

ist wenig ergiebig:

Coucher en joue quelqu'un auf jemanden das Gewehr anlegen, ihn nicht aus den Augen lassen

En joue! Legt an!

Le sourcil – die Augenbraue *Le cil* – die Wimper

Diese für den Ausdruck des menschlichen Gesichts so wichtigen Dinge geben merkwürdigerweise bloß in den von ihnen abgeleiteten Zeitwörtern einige spärliche Bilder.

Sourciller wörtlich: die Augenbrauen bewegen = die Augenbrauen runzeln, ein Ausdruck der Unzufriedenheit oder Ungeduld

ne pas oder *sans sourciller* keine Miene verziehen, nicht mit der Wimper zucken

personne n'ose ciller (devant lui) niemand wagt zu mucksen (in seiner Gegenwart). Mit dem Kopf sind wir nun endlich fertig.

Le cou – der Hals

hat viele Bilder, aber mit Ausnahme derer, die hier angeführt sind, decken sich alle, beinahe wörtlich, mit im Deutschen geläufigen Redewendungen.

Prendre ses jambes à son cou wörtlich: die Beine um den Hals nehmen = sich aus dem Staub machen oder: die Beine in die Hand nehmen, wofür man – ganz unanatomisch – mit einem anderen Bild sagt

prendre la clé des champs wörtlich: den Schlüssel zum Feld nehmen

casse-cou wörtlich: Halsbrecher = Wagehals, toller Bursche und schließlich

crier casse-cou warnen, Achtung es brennt!

Bevor wir in unserer so bequemen sprachlichen Anatomie fortfahren, soll endlich gesagt werden, daß das der Körperkunde naheliegende Bild eines nackten Körpers

une académie heißt, was wir einen Akt oder ein Aktbildnis nennen; daß académie gleichzeitig auch alle entsprechenden Bedeutungen besitzt, die das Wort im Deutschen hat, ist selbstverständlich. Hierher gehört noch die Doppelbedeutung von

un torse wörtlich: ein Torso, womit man aber gewöhnlich den nackten Oberkörper meint. Bei diesem angelangt, kommen wir nun zu den – auch für die Bildersprache – wichtigen

Les bras – die Arme

Il a le bras long wörtlich: er hat einen langen Arm = er hat große Macht, seine Macht reicht weit

à tour de bras so viel es geht

avoir quelqu'un sur les bras (auch: *sur le dos*) wörtlich: jemanden auf den Armen = auf dem Hals haben

donner le bras à quelqu'un jemanden unterfassen

se donner le bras sich unterfassen

être bras dessus bras dessous untergefaßt, untergehakt gehen (ein Herz und eine Seele sein)

à bras raccourcis mit aufgekrempelten Ärmeln; mit der größten Mühe

les bras m'en tombent wörtlich: die Arme fallen mir da herunter = das nimmt mir die Lust, den Mut, etwas zu tun

lui couper bras et jambes wörtlich: jemandem Arme und Beine abschneiden = ihn vollständig lahmlegen, überraschen

à force de bras wörtlich: mit bloßen Armen = mit seiner Hände Arbeit

être le bras droit de quelqu'un jemandes rechter Arm, rechte Hand sein

à bras-le-corps mitten um den Leib (fassen).

Le coude — der Ellenbogen

Coude à coude dicht nebeneinander
se sentir les coudes wörtlich: sich bei den Ellenbogen fühlen = sich nicht allein, mit Kameraden fühlen, Tuchfühlung haben
se tenir les coudes zusammenrücken
jouer des coudes sich durchdrängeln
lever le coude wacker zechen. La coudée = der Vorderarm gibt
avoir les coudées franches die Arme frei haben, bequem sitzen, freie Hand, freies Spiel haben
grandir de cent coudées ungeheuer wachsen

Les mains — die Hände

Ungleich zahlreicher sind die Bilder, die die Hände ergeben, zahlreicher als im Deutschen; man hat den Eindruck, daß die Franzosen, wie alle Romanen, auch bildlich gern mit den Händen reden. Die Möglichkeiten, die die Hand dem Franzosen bildlich bietet, scheinen unendlich zu sein, bloß der deutsche Ausdruck: »an Hand von ...« kann im Französischen nicht mit den gleichen Worten ausgedrückt werden. In solchen Fällen sagt man
à l'aide de mit Hilfe von ... oder
par le moyen de mit dem Mittel von ... vermittels — wofür man (nicht sehr schön) auch
moyennant sagen darf, es ist Kontorfranzösisch.
Haut les mains! Hände hoch!
Bas les mains! Hände weg!
Prêter main forte Hilfe mit bewaffneter Hand
il n'y va pas de main morte wörtlich: er geht nicht mit toter Hand vor = tüchtig zuhauen, energisch vorgehen. Dasselbe, anders ausgedrückt, heißt
il n'y va pas avec le dos de la cuillère wörtlich: er nimmt es nicht

auf den Rücken des Löffels; er nimmt kein Blatt vor den Mund
avoir la main heureuse geschickt sein, eine glückliche Hand haben, in allem Glück haben
battre des mains (in die Hände) klatschen
passer la main wörtlich: die Hände wechseln = Besitzer wechseln; seinen Platz einem anderen übergeben
se faire la main sich üben
faire main basse sur quelque chose über etwas herfallen, plündern
forcer la main à quelqu'un Gewalt antun, jemanden zwingen
lâcher la main, la bride à un cheval dem Pferd die Zügel schießen lassen
lâcher la bride à quelqu'un jemandem viel Freiheit gewähren
s'en laver les mains sich die Hände in Unschuld waschen, mit einer Sache nichts zu tun haben
mettre la dernière main à un ouvrage den letzten Handgriff an einem Werk tun
mettre la main à la pâte wörtlich: die Hand an den Teig legen (pâte = Teig, nicht verwechseln mit patte = Pfote, Tatze) = selbst mitarbeiten
mettre la main dessus, mettre le grappin dessus Hand drauf legen, mit Beschlag belegen, festhalten
tendre la main betteln
tendre oder *donner la main à quelqu'un* jemandem helfen
fait à la main handgemacht
à main armée mit bewaffneter Hand
en venir aux mains handgemein werden, sich prügeln
un coup de main Handstreich; aber auch: helfen, in Verbindung mit donner
homme de main handfester Kerl, Handlanger, Helfershelfer
en un tour de main im Handumdrehen, dasselbe ohne «en». – Kunststück, auch
tour de passe-passe genannt
de main de maître von Meisterhand

en première main aus erster Quelle, erster Hand, nicht zu verwechseln mit
une première main erste Näherin in einem Modehaus
une petite main eine Midinette
c'est du cousu-main wörtl. handgenäht, etwas ganz besonders Gutes
en main in der Hand
en main propre eigenhändig, zu eignen Händen; aber
ils marchent la main dans la main unter einer Decke stecken
avoir sous la main bei der, zur Hand haben
en sous main unter der Hand, heimlich; aber
sous-main eine Schreibunterlage
avoir le cœur sur la main offenherzig sein
avoir la main Vorhand haben (beim Kartenspiel)
une mainlevée Aufhebung einer gerichtlichen Beschlagnahme
une mainmise Beschlagnahme, Einziehung.

Les doigts – die Finger

eignen sich selbstverständlich sehr zum Sprachbilden, wenn sie auf diesem Gebiet auch nicht so ergiebig sind wie für die Sprache der Taubstummen. Wir wollen vorerst unserem Leser den Gefallen tun, ihm aus seiner Schulzeit in Erinnerung zu rufen, wie die fünf Finger der Hand heißen. Der kleine Finger
le petit doigt oder *l'auriculaire* so benannt, weil man ihn seiner Kleinheit wegen, bitte sehr, ins Ohr (aurus) stecken kann... Wie sagt's der Lehrer bloß den Kindern, denen man diese Unart verbietet? Dann kommt
l'annulaire der Ringfinger, wobei wir verraten, daß der Ehering in Frankreich an der linken Hand getragen wird, es ist die Hand, die von Herzen kommt
le majeur der Mittelfinger, weil er der größte Finger ist
l'index der Zeigefinger und

le pouce der Daumen. Die Märchenfigur

le Petit Poucet der Däumling. Die Zehen heißen *doigts de pieds* od. *orteil*, die große Zehe = *gros orteil.*

Avoir de l'esprit jusqu'au bout des doigts Geist bis in die Fingerspitzen haben = sehr geistreich sein

avoir des doigts de fée wörtlich: Feenhände haben = sehr feine Handarbeiten machen können

se mordre les doigts etwas bereuen

ils sont comme les deux doigts de la main sie leben auf sehr vertrautem Fuße

vous avez mis le doigt dessus Sie haben es erraten, den Nagel auf den Kopf getroffen

jouer des doigts fingern; lange Finger machen heißt

avoir les doigts crochus wörtlich: Hakenhände haben; jemandem auf die Finger sehen, muß mit

avoir l'œil sur quelqu'un wiedergegeben werden und einem »etwas durch die Finger sehen« mit

laisser passer quelque chose à quelqu'un, wörtlich: jemandem etwas durchgehen lassen

elle met un doigt de poudre sie legt sich Puder fingerdick auf; der Unterschied von zwei Fingern zu einem ist aber

un doigt de vin ein Bißchen, ein Schlückchen, ein Fingerhut voll Wein; andererseits heißt

à deux doigts einen Schritt breit

être à deux doigts de sa ruine einen Schritt vor dem Zusammenbruch stehen.

Für Sprachforscher mag es interessant sein, daß das deutsche Wort fingieren in gerader Linie von

feindre kommt, was im Französischen dasselbe heißt; ebenso das Hauptwort Finte von

la feinte die Finte. – Fügen wir hinzu, daß

(le) doigté nicht nur Fingersatz, sondern auch Geschicklichkeit, Fingerspitzengefühl heißt und

un dé (à coudre) ein Fingerhut, wörtlich: ein Nähwürfel
faire un brin, un doigt de cour à une femme einer Frau ein wenig den Hof machen
savoir quelque chose sur le bout des doigts etwas sehr gut können oder wissen.

Les ongles – die Fingernägel

haben mit dem deutschen Begriff Nagel nichts gemein, man soll also nicht darauf bestehen, wenn man Fußnagel sagen will, les clous du pied zu sagen, oder ähnliches. Clou heißt übrigens nicht nur Nagel, sondern auch Furunkel, man kann natürlich auch diesen medizinischen Ausdruck verwenden, dann muß man bloß das u mit dem o vertauschen, denn es heißt furoncle, und, weil wir bei diesem Thema sind, ein bouton = Knopf ist ein »Pickel«.
Se faire les ongles sich maniküren
ronger ses ongles die Nägel knabbern, ungeduldig sein
payer rubis sur ongle bis zum letzten Pfennig bezahlen
avec bec et ongles wörtlich: Schnabel und Krallen haben = Haare auf den Zähnen haben
à l'ongle on connaît le lion an der Klaue erkennt man den Löwen. Ongle kann man auch mit Kralle übersetzen, für das es dann noch
la griffe gibt, die spitze, gekrümmte Kralle, die Tatze
la griffe du tailleur die Marke des Schneiders
donner un coup de griffe (d'ongles) jemandem eins versetzen
tomber sous les griffes de quelqu'un in jemandes Hände, Klauen fallen; Griffe ist dann noch der Namenszug, für den, ähnlich wie bei uns, Klaue gesagt wird; schließlich bezeichnet man damit auch die kräftige Feder eines Polemikers.

La patte — die Pratze, die Tatze

gehört noch hierher, weniger, weil es die Pfote bei Tieren, als weil es die unakademische Bezeichnung für Hand ist. Es kann im freundschaftlichen, wie im herabsetzenden Sinn verwendet werden.

Faire pattes de velours Samtpfötchen machen, die Krallen einziehen, den Frommen spielen

pattes de mouches wörtlich: Katzen- oder Fliegenbeine = häßliches Gekritzel

marcher à quatre pattes auf allen vieren gehen

tomber sous la patte oder *entre les pattes de quelqu'un* in die Klauen von jemand fallen, in jemandes Gewalt geraten

tenir quelqu'un sous sa patte jemanden in seiner Gewalt haben.

se tirer des pattes sich aus dem Staube machen.

Ein wichtiges Wort ist

graisser la patte à quelqu'un jemanden schmieren, bestechen. Übertragene Bedeutungen sind

pattes d'oie Falten in den Augenwinkeln, Krähenfüße, Kreuzung

une patte Tuchstreifen, Latz, Taschenklappe und

patte d'épaule Schulterstück, auch

épaulette genannt.

Les pieds — die Füße

kommen zwar, streng anatomisch gesehen, nicht gleich nach den Armen und Händen, aber sie gehören zu den frei beweglichen Gliedmaßen des Körpers, was uns die Möglichkeit gibt, von dem Wort zu sprechen, mit dem man sie auf französisch bezeichnet

l'extrémité das Äußerste, aber

les extrémités die vier Gliedmaßen, Hände und Füße; dagegen heißt

à l'extrémité d'une rue, d'un bâton, de la ville am Ende einer Straße, eines Stabes, einer Stadt

attendre à l'extrémité bis auf den letzten Augenblick warten *être à l'extrémité* oder *à toute extrémité* im Sterben, in den letzten Zügen liegen

être réduit à l'extrémité in äußerste Not geraten sein

pousser quelqu'un à l'extrémité, à bout jemanden zum Äußersten treiben, reizen

en venir aux dernières extrémités zum Äußersten gelangen, handgemein werden. — Was nun die

pieds Füße betrifft: hier müssen wir wieder die Grenzen der anatomischen Ordnung ein wenig verlassen und von Beinen reden und schließlich von allem, was mit diesen Werkzeugen zusammenhängt, wie Gehen, Stehen, Laufen etc.

Mettre les pieds dans le plat wörtlich: mit den Füßen in den Teller steigen = eine Sache plump anfangen, wie der Elefant im Porzellanladen

un coup de pied ein Fußtritt

de pied en cap vom Scheitel bis zur Sohle

mettre quelqu'un à pied jemanden absetzen; und

être sur pied auf den Beinen sein

mettre une armée sur pied eine Armee aufstellen

viandes sur pied Schlachtvieh

ne pas savoir sur quel pied danser nicht wissen (auf welchem Fuß man tanzen) was man tun soll

trouver chaussure à son pied wörtlich: Schuhe für seine Füße finden = finden was man braucht, seinen Mann (Gatten) finden

perdre pied den Boden unter den Füßen verlieren

prendre pied dagegen = festen Boden (Vertrauen) fassen

au pied levé wörtlich: mit gehobenem Fuß = unvorbereitet, im letzten Augenblick

piétiner wörtlich: treten, zertrampeln, aber auch: nicht vorwärtskommen, auf der Stelle treten

prendre quelqu'un au pied levé jemandem keine Zeit zum Überlegen lassen

lever le pied durchbrennen

couper l'herbe sous le pied de quelqu'un wörtlich: das Gras unter den Füßen abschneiden = jemanden verdrängen, es ihm unmöglich machen

les pieds noirs Algerienfranzosen, so nach ihren schwarzen Schuhen genannt

lâcher pied wörtlich: Fuß loslassen = nachgeben, fliehen;

ne pas se moucher du pied wörtlich: sich nicht mit dem Fuß schnauben = sich viel einbilden

faire le pied de grue wörtlich: einen Kranichfuß machen = lange stehend warten (Eine »grue« ist dann familiär eine Prostituierte und schließlich: Hebekran).

Faire du pied (unter dem Tisch) füßeln.

Avoir le pied marin wörtlich: einen Seemannsfuß haben, seefest = sich nicht leicht aus der Fassung bringen lassen

mettre quelqu'un au pied du mur wörtlich: jemanden an den Fuß einer Mauer stellen, ihn in die Enge treiben

prendre une chose au pied de la lettre wörtlich: etwas beim Fuß des Buchstabens nehmen = etwas ernst nehmen; jemandem aufs Wort glauben

un pied-à-terre bürgerliche Absteige und verschwiegener Rendezvous-Ort. Der Ausdruck stammt aus der Zeit, in der die Leute aus der Provinz zu Theaterbesuchen und sonstigen Vergnügungen in die Hauptstädte fuhren und sich dort »einen Fuß auf der Erde« mieteten, d. h. ein Zimmer, in dem sie übernachten konnten, falls sie keine Möglichkeit mehr hatten, an demselben Abend nach Hause zu fahren.

Les jambes – die Beine

Courir à toutes jambes mit allen Beinen, d. h. aus allen Kräften laufen

tirer oder *traîner la jambe* das Bein nachschleppen = kaum noch

weiter können
être haut sur pattes lange Beine haben
faire un croc-en-jambe à quelqu'un jemandem ein Bein stellen.
Cela me fait une belle jambe das macht den Kohl nicht fett!
Traiter quelqu'un pardessus la jambe wörtlich: jemanden übers Bein behandeln = ihn von oben herab behandeln
prendre ses jambes à son cou wörtlich: die Beine auf den Hals nehmen = »die Beine in die Hand nehmen«, also Hals über Kopf davonrennen.
Zwischen Bein und Fuß ist

la cheville – der Knöchel

Auch er muß zu Bildern herhalten:
il ne lui arrive pas à la cheville wörtlich: er reicht ihm nicht bis zum Knöchel = er kann ihm nicht das Wasser reichen
une cheville ouvrière (da cheville auch Bolzen, Spannagel heißt) der stehende Ausdruck für Hauptwerkzeug, Hauptsache und schließlich Hauptperson.

Aller – gehen; courir – laufen

Die Sprache bevorzugt Bilder aus der Bewegung. Füße und Beine sind nun Bewegungsmotive
»*par excellence*« im wahrsten Sinn des Wortes (wofür man »recht eigentlich« sagen würde. In anderen Verbindungen übersetzt man besser etwa
un orateur par excellence ein idealer Redner)
ne pas y aller par quatre chemins ohne Umschweife auf eine Sache losgehen
y aller doucement oder *carrément* vorsichtig, entschlossen sein

aller de pair avec wörtlich: mit jemandem gleichgehen = jemandem ebenbürtig sein, zusammengehören

s'en aller weggehen, verfliegen, fortgehen, sterben

au pis-aller im Notfall, im schlimmsten Fall

marcher à pas de loup wörtlich: mit Wolfsschritten gehen = vorsichtig, auf Zehenspitzen gehen

marcher à pas de géant Riesenschritte machen

marcher à tâtons herumtappen

vous allez fort! Sie übertreiben!

du laisser aller Nachlässigkeit

aller contre vents et marées wörtlich: gegen Winde und Fluten gehen = mit dem Kopf durch die Wand gehen.

Auch für Reiten wird aller verwendet, da das Zeitwort *chevaucher*, das wohl reiten heißt, in der Regel aber andere übertragene Bedeutungen hat, wie übertreten, übereinanderliegen; für reiten sagt man

monter à cheval aufsitzen, reiten können. Andere Anwendungen von aller sind

cette robe me va bien dieses Kleid geht (steht) mir gut und

cette robe me va comme un gant wörtlich: das Kleid paßt mir wie ein Handschuh = wie angegossen

la malade va mieux wörtlich: die Kranke geht besser = der Kranken geht es besser.

Folgende Zusammensetzungen sind wichtig, wenn sie auch immer weniger mit der Anatomie zu tun haben

aller prendre quelqu'un jemanden abholen

aller chercher quelque chose etwas holen gehen. Um diese Wortverbindungen zu verstehen, muß man sich aller und venir einfach als Hilfszeitwörter vergegenwärtigen, die u. a. dazu dienen, feine Zeitunterschiede zu unterstreichen, z. B. in Formen wie

il vient d'aller à... er ist eben nach... gegangen, oder

j'allais éteindre la lampe ich wollte gerade die Lampe auslöschen

j'allais dire ich hatte beinahe gesagt, schickte mich an
va! wörtlich: geh! = meinetwegen, immer zu! in Verbindung mit pour
va pour dix francs! meinetwegen nehmen Sie's für zehn Franken!
vas-y! (populär) = nun mal los! greif zu! und
ça va! ist schon gut! es reicht!
allons-y! **Gehen wir! Los, los!**
Allons-donc! (Ausruf für:) Warum nicht gar! Na!
Allez toujours! Nur zu!
Il y va de notre vie es geht um unser Leben.

Le pas – der Schritt

Der Schritt ist zwar gleichfalls kein Teil des Körpers, kann aber wohl nicht ohne diesen gemacht werden. Wo anders könnten wir die nachstehenden, so wichtigen Bilder einreihen, wenn sie uns nicht entgleiten sollen: (wofür man »filer entre les jambes« sagt.)

Emboîter le pas wörtlich: Schritt einschachteln = jemandem nachgehen, nachahmen
avoir le pas sur den Vorrang haben vor
céder le pas den Vorrang abtreten
de ce pas sofort, auf der Stelle
faire les cent pas auf und abgehen (wörtlich: die hundert Schritte des Wachtpostens machen)
faire un faux pas falschen Schritt, Fehltritt machen
retourner sur ses pas wieder umkehren
revenir sur ses pas a) auf demselben Wege zurückkehren; b) da anfangen, wo man aufgehört hat
marcher sur les traces de quelqu'un jemanden folgen, ein Beispiel nehmen
il n'y a que le premier pas qui coûte wörtlich: nur der erste Schritt kostet Überwindung = aller Anfang ist schwer
pas à pas on va loin Wer langsam geht, kommt auch zum Ziel!
pas accéléré, redoublé Geschwindschritt
pas de gymnastique oder *de course* Laufschritt
pas de charge Sturmschritt
marcher au pas im Schritt marschieren
au pas! Tritt gefaßt!
perdre le pas aus dem Tritt kommen
changer le pas Tritt wechseln
reprendre le pas Tritt fassen
marquer le pas auf der Stelle treten; sehr oft in übertragenem Sinn: nicht weiterkommen
raccourcir le pas kurz treten
ouvrir le pas anfangen zu marschieren
à deux pas d'ici zwei Schritt von hier
il n'y a qu'un pas es ist ein Katzensprung
ne pas quitter quelqu'un d'une semelle jemanden nicht einen Augenblick allein lassen (semelle = Sohle)
mauvais pas gefährlich zu passierender Durchgang; schlimme Lage

franchir le pas es wagen
à cloche-pied auf einem Bein (Hinkebein) und
sauter à cloche-pied auf einem Bein hüpfen
ça cloche da stimmt was nicht.

L'épaule – die Schulter

ist nicht ergiebig in Bildern. Es ist übrigens bemerkenswert, daß Körperteile, die von der sprachbildenden Volksphantasie vernachlässigt werden, im Deutschen, wie übrigens in anderen Sprachen, auch wenig hergeben. Wir führen sie und noch andere Körperteile an, der Ordnung halber, um halbwegs bei unserer einmal begonnenen Methodik zu bleiben. Von Kopf bis Fuß ist eben ein langer Weg
Hausser les épaules mit den Achseln zucken
baisser les épaules sich geduldig in sein Schicksal fügen
donner un coup d'épaule à quelqu'un wörtlich: jemandem einen Ruck mit der Schulter geben = jemandem behilflich sein, ihm unter die Arme greifen; einfacher auch
épauler quelqu'un. Die deutsche Redensart »jemandem die kalte Schulter zeigen«, wird nicht etwa mit épaule froide übersetzt, was an kalten Aufschnitt erinnern könnte, sondern mit

le dos – der Rücken

tourner le dos à quelqu'un wäre also in diesem Falle zu sagen.
Être couché sur le dos auf dem Rücken liegen
être sur le dos darniederliegen, Bett hüten müssen; nicht zu verwechseln mit
être sur le dos de quelqu'un jemandem zur Last fallen
avoir quelqu'un sur le dos jemanden auf dem Halse haben
faire le gros dos einen krummen Buckel, Katzenbuckel machen;

sich wichtig tun

plier le dos sich ducken; dasselbe heißt

plier l'échine wörtlich: das Rückgrat beugen; bei diesem Wort sei

il a l'échine souple erwähnt = er ist ein Kriecher

le dos lui démange wörtlich: der Rücken juckt ihn = ihn juckt das Fell

mettre une chose sur le dos d'un autre den Sack meinen und den Esel schlagen, sehr häufig ist

avoir bon dos einen breiten Rücken oder ein dickes Fell haben, viel aushalten; es hat auch noch ironischen Sinn, wie z. B. in

l'église a bon dos wörtlich: die Kirche hat einen breiten Rücken, sie muß, sie kann sich viel gefallen lassen; wir sagen: sie hat einen guten Magen

en avoir plein le dos die Nase (den Buckel) voll haben

se mettre les gens à dos sich die Leute aufsässig machen, sie sich auf den Buckel laden.

Le ventre – der Bauch

spielt in der romanischen Volksphantasie eine große Rolle. Er bedeutet alles mögliche, bald Magen, bald Herz, sogar Hals und ... Beine. Erstaunlich für uns ist, daß er sehr oft als Symbol für das körperliche und seelische Leben des Menschen dient. Ob man aus solchen typischen Beispielen auch ernstere Schlüsse ziehen darf?

Le bas-ventre der Unterleib und

der Magen, den man im medizinischen Zusammenhang

l'estomac nennt

courir ventre à terre im gestreckten Galopp reiten; rennen

il n'a pas six mois dans le ventre er hat kein halbes Jahr mehr zu leben; aber auch: er wird kein halbes Jahr mehr in seiner Stellung bleiben.

Bei dieser Gelegenheit soll bemerkt werden, daß der so bequeme deutsche Ausdruck: »ein halbes oder ein viertel Jahr« französisch kaum mit »une demie année« oder ähnlich, sondern immer nur

six mois oder *trois mois* gesagt werden soll; dagegen ist der Ausdruck

semestre oder *trimestre* sehr gebräuchlich

il boude contre son ventre er will aus Eigensinn nicht essen

prendre du ventre er wird dick, bekommt einen Bauch, wofür man sehr hübsch auch sagt

il prend de la bouteille wörtlich: Er nimmt Flaschenform an, was also nichts mit Trinken zu tun hat; er wird alt und gesetzt

avoir quelque chose (rien) dans le ventre etwas (nichts) im Magen haben; fähig oder unfähig sein

il faut voir ce qu'il a dans le ventre man muß sehen, (was er im Bauch hat); sehen, wes Geistes Kind er ist

le ventre anoblit die Schwangerschaft adelt; ein anderes Wort für Bauch ist

la panse der Wanst; (der dicke Sancho Pansa aus Don Quichotte!)

l'estomac der Magen auch bildlich zu verwenden

avoir l'estomac dans ses talons mir hängt der Magen in den Kniekehlen (Absatz)

avoir de l'estomac Kraft, Mut haben, etwas aushalten können!

Le creux de l'estomac ist nicht die Magen-, sondern die Herzgrube, womit wir bei

le cœur – das Herz

angelangt sind. Es bietet, obwohl es ein unsichtbarer Teil des Körpers ist, ein schier unerschöpfliches Material, aus dem die Phantasie der Völker sehr anschauliche Bilder formt; es ist deshalb auch nicht verwunderlich, daß beim Herzen die größte Ähnlichkeit und oft Gleichheit der deutschen und französischen Bilder besteht. Es gibt kaum eine deutsche Redensart mit Herz, die man nicht auch im Französischen findet, dagegen sehr viele französische, die deutsch anders gebildet werden. Von diesen hier die wichtigsten:

il ne le porte pas dans son cœur er haßt ihn

avoir le cœur gros wörtlich: ein dickes, schweres Herz haben = dem Weinen nahe sein

se ronger le cœur wörtlich: sich das Herz abknabbern = sich härmen

mal au cœur Übelkeit (Magen)

avoir mal au cœur einem ist übel und

faire mal au cœur Übelkeit verursachen; aber beides heißt, wenngleich sehr selten, auch: sich ärgern, Herzeleid haben; das Zeitwort

écœurer bedeutet nur: anekeln, ekeln

j'ai encore mon dîner le cœur mein Mittagessen d. h. die Rechnung liegt mir wie Blei im Magen. Der Franzose verwechselt keineswegs Herz und Magen, er sagt so oft das eine für das andere, weil er eine überraschend gute Kenntnis von den wechselseitigen Einflüssen dieser nahe beieinander liegenden Organe hat.

Ce vin réjouit le cœur dieser Wein schmeckt gut, ist einmal eine hübschere Art, das Herz als Verdauungsorgan zu betrachten, wie auch im folgenden Ausdruck

avoir le cœur bon guten Appetit haben; nicht zu verwechseln mit *avoir bon cœur* ein gutes Herz haben, gutmütig sein
si le cœur vous en dit wenn Sie Lust dazu haben
s'en donner à cœur joie sich satt essen, etwas nach Herzenslust tun, sich einer Sache hingeben
faire le joli cœur den Hübschen, Stutzer spielen
prendre quelque chose à cœur etwas zu Herzen nehmen
cela me tient au cœur das liegt mir am Herzen
avoir le cœur à l'ouvrage mit Lust an der Arbeit sein
agir à contre-cœur gegen eine Neigung handeln
je veux en avoir le cœur net ich will wissen, woran ich bin, Klarheit haben
de bon oder *de grand cœur* herzlich gern
de gaîté de cœur mit Begeisterung, Hingabe
loin des yeux, loin du cœur aus den Augen, aus dem Sinn
parler à cœur ouvert sein Herz öffnen.

Das Herz ist auch das Symbol des Mutes, wie man bei uns »beherzt« sagt, daher
un cœur d'artichaut weites Herz haben, mein Herz ist wie ein Bienenhaus
avoir du cœur Mut haben, und
un cœur de poule ein Hasen-(Hühner-)herz
remettre le cœur au ventre à quelqu'un jemandem wieder Mut machen. Schließlich bedeutet cœur auch Gedächtnis
savoir, apprendre par cœur auswendig wissen, lernen
connaître un homme par cœur einen Menschen in- und auswendig kennen
dîner par cœur heißt merkwürdigerweise in der Umgangssprache: nichts gegessen haben; auch in diesem Fall ist cœur im Sinne von Gedächtnis gemeint, und nicht etwa im Sinn von Herz oder Gefühl oder wie der Franzose sagen würde cœur-cœur das wirkliche Herz. Erklären wir bei dieser Gelegenheit eine Eigenheit der Umgangssprache, die in keinem Wörterbuch steht:

wenn man von einer Frau z. B. sagt

elle n'est pas jolie, jolie, so will man andeuten, daß sie nicht gerade oder wirklich hübsch, daß sie eher häßlich ist, oder aber mit

ce n'est pas cher, cher das ist nicht besonders teuer. Es besteht eine fast unbegrenzte Möglichkeit durch zwei, ja dreimaliges Wiederholen eines Eigenschafts- oder Hauptwortes entweder eine Steigerung, ähnlich wie im Deutschen oder eine Art Verneinung, Ironisierung oder Verminderung dessen zu erzielen, was man sagen will. In der Schriftsprache ist dies unzulässig. Diese Art Kindersprache, absichtlich primitiven Sprechens soll nicht mit dem unabsichtlich primitiven Sprechen verwechselt werden, was der Franzose

petit-nègre wörtlich: Sprache der kleinen Negerlein nennt, womit er das gebrochene, rudimentäre Französisch der Ausländer bezeichnet, während er mit

parler comme une vache espagnole wörtlich: »wie eine spanische Kuh spricht« jene Ausländer meint, die ein mangelhaftes, wenn auch oft fließendes Französisch sprechen, und deren Aussprache und Akzent zumeist schlimmer sind als das Französisch selbst. Dabei eignen sich gerade die Franzosen selbst weniger zur Erlernung fremder Sprachen. Ihr Akzent und ihre Nasallaute machen es ihnen schwer. Häufiger als der Deutsche sagt er für alles, was er nicht versteht

c'est de l'hébreux oder

c'est du chinois pour moi es sei chinesisch; mit

chinoiserie bezeichnet er aber alles absichtlich Unverständliche, Pedantische. Sind wir hier sehr weit von unserem Thema abgekommen? Nein, alles gehört dazu, bloß vom Schema sind wir ein wenig abgewichen. Kehren wir zu diesem zurück...

revenons à nos moutons wörtlich: kehren wir zu unseren Schafen zurück. Aber schon müssen wir wieder »unsachlich« sein, indem wir von einem unkörperlichen Gegenstand sprechen, der sich in der Gegend zwischen Herz und Magen befinden soll, von

Auch da muß endlich, ganz kurz, etwas über das eben erwähnte Wort »unsachlich« gesagt. werden, das in der deutschen Sprache so wichtig und in der französischen so schwer wiederzugeben ist.

Objectif und *objectivité* heißt wohl wörtlich sachlich und Sachlichkeit, aber es drückt sehr häufig nicht dasselbe aus wie im Deutschen.

Das mag daher kommen, daß im Deutschen selbst objektiv und sachlich nicht genau das gleiche sind. Der Unterschied ist schwer abzugrenzen. Mit dem Begriff objektiv verbindet man mehr die Vorstellung von gerecht, unbeeinflußt, mit sachlich die von trocken, nüchtern. Nicht unbedingt, aber ungefähr. Man möchte es beinahe als eine rein deutsche Eigenschaft bezeichnen. Daß der Unterschied vorhanden ist, wird erst so recht deutlich, wenn man das Wort sachlich französisch wiedergeben will: einmal muß man objektif und einmal sobre = sachlich übersetzen, und in beiden Fällen hält man das Gefühl eines Ungefähr zurück, das einen unbefriedigt läßt. Im Deutschen kann man dagegen ganz gut sagen: »Dieser Mann ist ein sachlicher, objektiver Mensch«, wobei jedermann spürt, daß es sich keineswegs um Wiederholungen poetischer Natur handelt, sondern um die Aufzählung von tatsächlich existierenden Eigenschaften, die wohl miteinander verwandt, und eben doch verschieden sind, denn man kann nüchtern, aber durchaus nicht sachlich sein und umgekehrt, sachlich ohne objektiv usw.

Das sind Haarspaltereien, wird man uns vorwerfen, (auf französisch

couper un cheveu en quatre). Nein, durchaus nicht. Dieses Wort Haar scheidet zwei grundverschiedene Welten. Klar wird dies erst wenn man bei uns von der »neuen Sachlichkeit« spricht, etwas, was weder übersetzbar noch auch dem Franzosen verständlich zu machen ist. Gibt es denn eine alte Sachlichkeit, wenn man eine neue erfinden mußte? Gibt es zwei verschiedene Sachlichkeiten? Oder war die alte, wenn es eine solche gibt, gar nicht sachlich, nicht sachlich genug? Ist dann die neue nicht erst überhaupt die eine, einzige Sachlichkeit, die es geben kann? Eine nouvelle objectivité ist ein non-sens – ein Unding im Französischen.

Jetzt aber ist es

grand temps höchste Zeit, wieder sachlich, also

sobre nüchtern, nein

objectif gerecht zu werden, nein auch nicht, also zur Sache zu sprechen, zu unserem Gegenstand, von den Redensarten, die sich von Organen des Körpers ableiten. Seien wir also unsachlich, denn wir waren gerade bei

âme die Seele, die kein Organ des Körpers ist, aber doch in den Redensarten, wenn nicht sonst im Leben, eine große und sehr mannigfache Rolle spielt. Es gibt etwa acht verschiedene Bedeutungen für âme:

à fendre l'âme herzzerreißend; âme ist also Herz wie

une âme compatissante ein teilnehmendes Herz? Nicht ganz, denn

un cœur sans âme gefühlloses Herz, wäre sonst nicht gut möglich

ne pas avoir d'âme kein Gefühl haben; Gefühl heißt sonst *sentiment*

rendre l'âme den Geist aufgeben

la conscience pas tranquille etwas auf dem Gewissen haben, während eine Eidesformel

en mon âme et conscience lautet, etwa: nach bestem Wissen und Gewissen

ce village a mille âmes dieses Dorf zählt tausend Seelen

il n'y avait âme qui vive es war keine Menschenseele da

âme damnée (sprich: danee) Verdammter

c'est son âme damnée er ist ihm mit Leib und Seele verschworen

âme en peine geängstigte Seele; Seelennot

chanter avec âme mit Gefühl singen

se donner corps et âme à quelqu'un ou à une œuvre sich jemandem

oder einem Werk mit Leib und Seele hingeben
Mit Seele und Gefühl verwandt ist etwas wieder total Unsachliches, nämlich

la foi – der Glaube

Wir wollen diesem durchaus vom Körper unabhängigen Begriff etwas Raum widmen, schon, weil wir dabei unsere Leser darauf aufmerksam machen können, daß sie la foi = der Glaube nicht mit le foie = die Leber verwechseln möchten, und dann, weil le foie = die Leber, sprachlich uns wenig bietet, während la foi diesbezüglich ergiebig und wichtig ist.
Avoir la foi gläubig sein
manquer de foi ungläubig sein
n'avoir ni foi ni loi wörtlich: weder Glauben noch Gesetz haben = ohne Religion noch sittlichen Halt sein
digne de foi vertrauenswürdig
un homme sans foi ein unzuverlässiger Mensch; ähnlich, aber schärfer ist
de l'avis de tout le monde nach einstimmigem Urteil
la foi divine Offenbarungsglaube
profession de foi Glaubensbekenntnis
ajouter foi à quelque chose einer Sache Glauben schenken und
avoir foi en quelqu'un, croire sur parole Zutrauen zu jemandem haben
la foi conjugale eheliche Treue
être de bonne foi aufrichtig (guten Glaubens) sein; bona fide und
être de mauvaise foi unaufrichtig sein; unehrlich
de la meilleur foi in redlichster Absicht
engager sa foi sein Wort verpfänden, ist dasselbe wie
engager sa parole. Ma parole! auf mein Wort.
Ma foi! Meiner Treu! Wahrhaftig!
Sur la foi des traités im Vertrauen auf die Verträge

sur la foi de cet homme auf das Zeugnis dieses Menschen hin
faire foi de quelque chose etwas beurteilen oder bestätigen
sa parole fait foi sein Wort gilt (ist so gut wie ein Schwur)
en foi de quoi j'ai signé (amtliche Vertragsformel): »urkundlich dessen (oder in Beglaubigung) habe ich unterzeichnet«. Man sieht, unser Ausflug ins Unkörperliche hat sich gelohnt. Nun tun wir noch ein übriges und nützliches und erledigen rasch als Ergänzung das ebenfalls abstrakte

une fois — einmal

mit der Bitte, es deshalb nicht mit la foi und le foie zu verwechseln.
Une fois einmal, einst
bien des fois sehr oft
maintes fois manchmal
(tout) à la fois auf einmal, zugleich; während »mit einem Mal, plötzlich«
tout à coup oder *subitement* heißt
une fois que erst einmal, wenn einmal
y regarder à deux fois oder *plusieurs fois* eine Sache mehrmals überlegen (besehen), reiflich überlegen
une fois n'est pas coutume einmal ist keinmal (einmal ist keine Gewohnheit, würde es wörtlich heißen). Versuchen wir es nun wieder mit der Anatomie.

Le rein — die Niere

bedeutet auch die Lenden und das Kreuz.
Avoir mal aux reins Kreuzschmerzen haben, im übertragenen Sinn
avoir les reins solides mächtig und reich sein

se casser les reins sich das Kreuz, (die Rippen) brechen; sich abrakkern; fügen wir noch hinzu, daß

les rognons die Nieren von Tieren sind und man letztere nicht als »des reins« im Restaurant bestellen soll, wenn man wirklich Nieren essen will.

Die Rippen spielen, soweit

les côtes die Rippen bedeuten, keine große Rolle. Man kann sich auch so leicht merken, daß

rompre les côtes à quelqu'un jemandem die Rippen im Leibe zerschlagen heißt; plastischer ist auch

se tenir les côtes de rire sich vor Lachen den Bauch (die Seiten) halten

côte à côte Schulter an Schulter; da wir auch dafür Seite an Seite sagen; nicht verwechseln mit

le côté die Seite; besonders da

points de côté Seitenstiche sind

côté dames, côté hommes Damen-Herrentoilette

du côté du nord von Norden her, nach Norden hin

ne savoir de quel côté tourner nicht mehr wissen, wohin sich wenden, was man tun soll

moi, de mon côté ich meinerseits

mettre quelque chose de côté etwas wegräumen, zurücklegen, ersparen; zum gleichen Körperteil gehört

le flanc – die Weiche, Seite

être sur le flanc bettlägrig sein

se battre les flancs (vom Pferd) keuchen; sich anstrengen ohne viel Erfolg. Flanc ist auch der Schoß

elle porte un enfant dans ses flancs sie trägt ein Kind unterm Herzen

flancher zurückweichen, Angst haben.

Nun wieder zurück zur Seite

regarder quelqu'un de travers jemanden schief ansehen

être du côté du manche wörtlich: auf der Seite des Stiels sein = es mit der stärkeren Partei halten

à côté nebenan; und

être à côté de la question mißverstehen

frapper à côté vorbeischlagen.

La bile – die Galle

ist im französischen Sprachgebrauch hauptsächlich wegen

se faire (ne pas se faire) de la bile wörtlich: sich (keine) Galle machen = sich (nicht) kränken, (nicht) ärgern, was ebenso oft, wenn nicht noch eindrucksvoller mit

se faire (ne pas se faire) du mauvais sang ausgedrückt wird, wörtlich: sich schlechtes Blut (kein schlechtes) machen = sich Sorgen machen, (sich nichts daraus machen)

décharger sa bile seinen Zorn auslassen.

Le sang – das Blut

Un coup de sang Blutsturz

être altéré de sang blutdürstig sein; (dagegen

se désaltérer seinen Durst stillen)

des larmes de sang blutige Tränen

avoir du sang dans les veines energisch und mutig sein

glacer le sang de quelqu'un jemanden vor Schreck erstarren machen

avoir le sang tourné krank sein (mehr seelisch) entsetzt

mettre un pays à feu et à sang ein Land mit Feuer und Schwert überziehen

être d'un sang illustre von vornehmer Abkunft und

de sang royal königlichen Geblüts sein

prince de sang Prinz von Geblüt, aus königlichem Hause.

Das Sprichwort:

bon sang ne peut mentir wörtlich: gutes Blut lügt nicht = Art läßt nicht von Art

cela finit dans le sang das endet schlecht, in einem Blutbad

bon sang! schrecklich! wie dumm!

un pur sang Vollblutpferd.

Les entrailles – die Eingeweide

sind erstaunlicherweise, ähnlich wie der Bauch, im Französischen der Sitz von Gefühl; auch hier spielt die Tradition der griechisch-lateinischen Welt mit; es ist weniger ein Kennzeichen für eine sehr materialistische Weltauffassung als die genaue Kenntnis von den intimen Zusammenhängen, die zwischen Gefühlen und diesen Verdauungsorganen bestehen.

Les entrailles de la terre der Schoß der Erde

le fruit de ses entrailles seine eigenen Kinder

avoir des entrailles ein... fühlendes Herz haben, aber auch: eine Rolle mit Gefühl spielen

n'avoir pas d'entrailles gefühllos sein

être remué jusqu'aux entrailles, ça vous remue les tripes (Jargon) gerührt sein bis auf die Knochen.

La fesse – die Hinterbacke

kann, wenn wir methodisch sein wollen, nicht gut ausgelassen werden. Der hier zu behandelnde Gegenstand selbst und die Eigenart der Volksphantasie bringen es mit sich, daß er sowie andere Bestandteile des Körpers, die sich unterhalb des Nabels befinden und oberhalb des Knies, im zweiten Teil dieses Buches, Abteilung

»Was man wissen soll, aber nicht sagen muß«, ausführlichere Behandlung erfährt.

fesser jemandem auf den Hintern schlagen

la fessée eine Tracht Prügel (war der Titel eines bekannten Theaterstückes).

Une histoire de fesses, eine Liebesaffäre (ist jedoch alles andere als fein und besser nicht zu gebrauchen).

Von la cuisse = der Schenkel, die Keule ist merkwürdigerweise nichts auszusagen, wenigstens nicht in diesem Abschnitt. Erwähnen wir nur den etwas veralteten Ausdruck

une cuisse-madame was nicht das ist, was Sie glauben, sondern eine längliche Birne. Von einer gut gebauten Frau sagt man heute

un beau châssis (ein schönes Gestell).

Was jetzt anatomisch folgt und mit c beginnt, findet sich zwar in jedem gewissenhaften Wörterbuch, bei uns aber in dem bereits erwähnten zweiten Teil. Im Zusammenhang damit sei hier nur genannt:

La peau – die Haut

faire bon marché de sa personne seine Haut billig verkaufen

risquer sa peau seine Haut zu Markte tragen

craindre pour sa peau sich vor Schlägen (um sein Leben) fürchten

faire peau neuve ein anderer Mensch werden, sich neu einkleiden

un conte de Peau-d'Ane ein Kinder- oder Altweibermärchen; das Fell bei den Tieren wird gleichfalls peau genannt, auch cuir = Leder, was man gelegentlich ebenfalls beim Menschen anwenden kann

cuir de Russie Juchten

cuir maroquin marokkanisch, gegerbtes Ziegenleder. Saffian; hier soll daran erinnert werden, daß der Küraß, der Panzer und cuirassé = der Panzerkreuzer von cuir kommen, weil ja die ersten Panzer unserer Ahnen aus hartem Leder waren.

Bevor wir nun unsere Anatomie abschließen, sei endlich das Wort

se faire tanner le cuir sich schlagen lassen (Jargon)

le corps — der Körper

prendre corps feste Gestalt annehmen
il n'a rien dans le corps er hat keinen Mut
avoir le diable au corps ein Teufelskerl sein
corps à corps Mann gegen Mann
se donner à quelqu'un corps et âme sich jemandem mit Leib und Seele verschreiben
séparation de corps et biens Trennung von Tisch und Bett
la contrainte par corps Zwangsmittel der körperlichen Haft
périr corps et biens mit Mann und Maus untergehen
à corps perdu mit Todesverachtung; Hals über Kopf
à mon (ton, son) corps défendant im Zustande der Notwehr, mit äußerstem Widerstreben, ungern
faire corps avec quelque chose mit einer Sache eng verbunden sein
le corps d'une lettre Hauptinhalt eines Briefes oder Schriftgröße in der Setzerei
le corps d'un navire Schiffsrumpf
corps héréditaire Erbmasse
du vin qui a du corps der Wein hat viel Körper, schwerer Wein
corps du droit civil bürgerliches Gesetzbuch
corps législatif gesetzgebender Körper
les corps constitués verfassungsmäßige Körperschaften
plaisanteries de corps oder *habitudes de corps de garde* oder auch *salle de garde* saftige, ordinäre Scherze, schlechte Gewohnheiten (Wachmannschaftswitze).

DIE KÖRPERFUNKTIONEN IN DER SPRACHE

Waren wir bisher leidlich der Anatomie des Körpers gefolgt, so müssen wir jetzt allen Tätigkeiten, um nicht zu sagen, allen Funktionen nachspüren, die sich aus diesem Zusammenhang ergeben. Damit können wir gewiß nicht alle Bilder erschöpfen, wie diese Sammlung auch sonst nicht vorgibt, erschöpfend zu sein, aber die wichtigsten, notwendigsten sind auf diese Weise halbwegs »organisch« zu erfassen, d. h. in einem sinngemäßen Zusammenhang vorzuführen. Beginnen wir also mit

manger – essen

Von einem Tier sagt man auch manger, was gewiß sehr höflich, zumindest aber menschlich sein mag; bezeichnenderweise sagt man *bouffer* fressen, ein Jargonwort, nicht von Tieren, sondern von Menschen, die dies tun, oder aber in burschikosem Sinn

on y bouffe bien man frißt dort gut, gute Küche

c'est de la tambouille schlechtes Essen, wörtlich: Ragoût

une bonne fourchette wörtlich: eine gute Gabel = tüchtige Esser; er schwingt eine gute Klinge

donner à manger zu essen geben, bewirten in einem Restaurant

servir ses clients

manger de tout alles essen, kein Kostverächter sein

manger dans la main aus der Hand fressen, aber

manger sur le pouce wörtlich: auf dem Daumen essen = ungedeckt, meist kalt, flüchtig essen

manger à sa faim sich satt essen

se manger le nez Streit, der in Prügelei ausartet

manger quelqu'un des yeux jemanden mit den Augen verschlingen

manger comme un ogre wörtlich: Menschenfresser, verschlingen

wie ein Kannibale
se goinfrer sich vollstopfen
manger comme un Gargantua ein Vielfraß, eine von Rabelais erfundene Figur
manger de la vache enragée wörtlich: von einer tollen Kuh essen = sich kümmerlich durchschlagen müssen, ein saures Los haben.

Einige Sprichwörter:
manger son pain blanc le premier das bessere Los vorausnehmen
il y a à boire et à manger wörtlich: es gibt zu trinken und zu essen = die Sache hat ihre zwei Seiten; man sagt es auch von einem Buch oder einem Theaterstück »es hat sein Gutes und sein Schlechtes«; es gibt dann noch
mangeons bien nous mourrons gras wörtlich: tüchtig essen um fett zu sterben, freut Euch des Lebens, so lang noch das Lämpchen glüht
mettre les bouchées doubles große Leistungen in kurzer Zeit vollbringen
manger son bien sein Vermögen aufzehren, durchbringen.

Boire — trinken

boire une rasade ein volles Glas leeren
boire le calice jusqu'à la lie den Kelch bis zur Neige leeren
le vin est tiré, il faut le boire wörtlich: der Wein ist abgezogen, man muß ihn trinken = wer A sagt, muß auch B sagen
avoir toute honte bue wörtlich: die ganze Schande getrunken haben = alles Schamgefühl verloren haben (Stil des 19. Jahrhunderts)
qui a bu, boira wer einmal gesündigt hat, sündigt wieder.
boire sec wörtlich: trocken trinken, also unverdünnt = tüchtig trinken; stammt aus dem volkstümlichen
faire cul sec sein Glas leeren
essuyer un affront eine Beleidigung herunterschlucken

boire à même la bouteille, boire au goulot ohne Glas, aus der Flasche trinken
boire à petits coups nippen
boire d'un trait in einem Zuge trinken
boire un coup ein Glas trinken, einen heben
ce papier boit dieses Papier schlägt durch, daher
papier buvard Löschpapier
boire un bouillon einen großen Verlust erleiden
bouillon heißen außer Brühe die unverkauften Zeitungen oder Bücher
boire à la santé de quelqu'un aufs Wohl trinken, wird abgekürzt
santé ! à la votre!
boire à l'œil auf Kosten anderer trinken.

Parler — reden, sprechen

c'est de l'hébreux pour moi es ist unverständlich, ich kapiere es nicht (wörtlich: es ist wie hebräisch, auf deutsch: es kommt mir spanisch vor)
parler raison vernünftig reden
parler musique, peinture, affaires von Musik, Malerei, Geschäften sprechen
parler bas leise reden
parler haut laut reden; schonungslos reden
parler d'or ein Wort zu seiner Zeit reden, das Richtige sagen, goldene Worte
parler à tort et à travers alles durcheinander werfen
parler mal fehlerhaft reden
trouver à qui parler seinen Mann finden
parler à un mur vergebens bitten
parler de la pluie et du beau temps von gleichgültigen Dingen sprechen

il en parle bien à son aise er hat gut reden
cela ne vaut pas la peine d'en parler das ist nicht der Rede wert
parler en l'air ins Blaue reden, ohne besondere Absicht
couper la parole ins Wort fallen
faire des coq – à l'âne (wörtlich: vom Hahn und Esel) ungereimtes Zeug, von einem Thema ins andere übergehen
parler à son tour seinerseits sprechen, an die Reihe kommen, zu sprechen
parlez-moi de cela! das lasse ich mir gefallen!
Vous parlez d'un coquin! Das ist ein Schuft!
C'est parler, cela! Das ist ein Wort! So ist es recht!
Faire parler quelqu'un jemanden zum Reden bringen
faire parler de soi von sich reden machen, berühmt werden
parlons peu mais parlons bien kurz und bündig reden, zur Sache kommen
parler petit nègre Kauderwelsch
ils se sont parlé sie haben miteinander gesprochen
avoir son franc parler alles frei von der Leber weg, heraussagen
avoir le parler doux eine sanfte Stimme haben

un beau parleur Schönredner

parler pour la galerie alle Zuhörer für sich in Anspruch nehmen; in der Öffentlichkeit anders reden als unter sich.

Schwieriger ist das im Deutschen gebräuchliche Wort »Phrase« ins Französische zu übersetzen, mit dem man konventionelle »leere« Redensarten meint. Eine

phrase ist im Französischen einfach ein Satz, im grammatikalischen Sinne, ohne Nebenbedeutung. Den im Deutschen gemeinten Begriff muß man mit umständlichen Umschreibungen ausdrükken, wie

des mots conventionnels, wofür man in der Volkssprache

boniments sagt. Gerede, Geschichten, an die auch der Sprecher nicht glaubt, um jemandem etwas anzudrehen. Dagegen ist ein baratineur (vom baratin) ein harmloser Schwätzer, der

l'art pour l'art gerne und viel zusammenredet.

Phraseur ein Phrasendrescher.

Dire – sagen, reden

dire du bien, du mal de quelqu'un von jemandem Gutes, Schlechtes reden

un on-dit (oder *un bruit*) ein Gerücht

le bruit court ein Gerücht geht um

c'est bientôt dit das ist leicht gesagt

cela dit, il partit nach diesen Worten ging er

voilà qui est dit reden wir nicht mehr davon

c'est tout dire damit ist alles gesagt

c'est beaucoup dire das will viel (ein wenig viel) sagen

c'est vous dire que das will besagen, daß

et dire que c'est moi qui l'ai aidé! und wenn man bedenkt, daß ich ihm geholfen habe

dire à qui veut l'entendre ausposaunen

qui dit mieux? wer bietet mehr? (bei Versteigerung)
pour ainsi dire sozusagen
dire la bonne aventure wahrsagen
dire un petit bonjour auf ein paar Minuten vorsprechen
dites bien des choses (de ma part) bestellen Sie Grüße von mir!
comme dit l'autre wie man zu sagen pflegt
soit dit en passant wörtlich: im Vorbeigehen = nebenbei gesagt
il n'y a pas à dire ohne Widerreden, oder: da kann man sagen, was man will
vous avez beau dire Sie mögen sagen, was Sie wollen
on dirait un fou man sollte meinen, er ist verrückt
si le cœur vous en dit wenn Sie Lust, Neigung dazu haben
à vrai dire, oder *à dire vrai* offen gestanden
dire sa façon de penser seine Meinung sagen
dire le fin mot den wahren Kern einer Sache beim Namen nennen
dites donc! Hören Sie mal! als Ausruf des Erstaunens wie des Ärgers, ferner als Anruf: Dites, garçon... Kellner, bitte... oder: Dites = Sagen Sie
tu viendras, dis! Du wirst doch kommen?
cela va sans dire das versteht sich von selbst
comme qui dirait gewissermaßen
se le tenir pour dit es sich gesagt sein lassen
cela ne me dit rien qui vaille das läßt mich nichts Gutes ahnen
qui ne dit mot consent wer schweigt, willigt ein
Charles V., dit le Sage Karl V., der Weise genannt
dire la messe die Messe lesen
que veut dire ce mot was will dieses Wort bedeuten?
que veut dire en français was heißt auf französisch...
que voulez-vous dire par là? was meinen Sie damit?
c'est-à-dire das heißt
qu'est-ce à dire (sprich: kesa dir) was soll das bedeuten?
cela ne dit rien das bedeutet nichts
à l'heure dite zur festgesetzten Stunde

trouver à dire oder *à redire à quelque chose* etwas an einer Sache auszusetzen haben, oder etwas vermissen
il y a bien à dire là-dessus es läßt sich allerhand daran aussetzen
cela ne se dit pas so etwas sagt man nicht
il se dit avocat er gibt sich für einen Anwalt aus; dire ist auch ein Hauptwort
au dire des experts nach Aussage der Sachverständigen
au dire de tout le monde wie alle Leute behaupten
dire son mot ein Wörtchen mitreden.

Chanter – singen

chanter à première vue, déchiffrer vom Blatt singen
chanter victoire frohlocken, triumphieren
que me chantez-vous là? was schwatzen Sie da?
c'est toujours la même chanson, le même refrain immer die gleichen Geschichten auftischen; es ist ewig das alte
chanter les louanges de quelqu'un jemanden in den Himmel heben
chanter misère Klagelieder anstimmen, klagen
chansons que tout cela! das ist alles Unsinn!
faire chanter quelqu'un siehe auch Seite 40.

Voir – sehen

voir la mort de près dem Tode ins Auge sehen
voyez-vous cela! da haben wir's!
Aller voir quelqu'un jemanden besuchen
voir venir wissen, wo jemand hinauswill
voir le jour das Licht der Welt erblicken; erscheinen
faire voir du pays à quelqu'un wörtlich: jemandem Land zeigen = Arbeit und Schererei machen

voyons! nun! laß mal sehen! sieh mal! na na!
avoir vu le loup nicht mehr unschuldig sein
voir quelqu'un d'un bon œil jemanden gerne sehen
les événements, que nous avons vus die Ereignisse, die wir erlebt haben
nous en avons vu bien d'autres wörtlich: davon haben wir schon manches gesehen = wir machen uns nichts daraus.
voir: schauen was los ist
qui vivra verra wir werden ja sehen!
Qui voyez-vous? mit wem verkehren Sie?
Ce n'est pas un homme à voir das ist kein passender Verkehr
il ne voit personne er lebt für sich, empfängt niemanden
voir une affaire à fond eine Sache genau prüfen
ceci est à voir das will überlegt sein
voir tout en beau, tout en rose alles in günstigem Licht sehen
se voir miteinander verkehren
voir grand großzügig sein, große Pläne haben
voir de quel côté vient le vent sehen, von welcher Seite der Wind weht, wie der Hase läuft.

Écouter – hören

n'écouter que d'une oreille mit halbem Ohr hören
écouter bouche bée Mund und Nase aufsperren
écouter un conseil einem Rat folgen
écouter quelqu'un auf jemanden hören, ihm gehorchen
écouter sa conscience auf sein Gewissen hören
s'écouter sich gern reden hören, sich zu sehr verweichlichen.

Rire — lachen

rire de bon cœur herzlich lachen
rire sous cape oder *dans sa barbe* sich ins Fäustchen lachen, verstohlen lachen
avoir toujours le mot pour rire immer zum Scherzen aufgelegt sein
et tous de rire alle fingen zu lachen an
et de s'esclaffer laut lachen
un pince-sans-rire ein Witzbold mit ernstem Gesicht
rire aux anges seelenvergnügt sein, aber auch; grundlos für sich allein lachen
vous me faites rire das ist zum Lachen
vous voulez rire daß ich nicht lache! Sie belieben zu scherzen
prêter à rire Stoff zum Lachen geben, sich lächerlich machen; zwei Sprichwörter
rira bien, qui rira le dernier wer zuletzt lacht, lacht am besten
qui rit vendredi, dimanche pleurera oft folgt Traurigkeit der Freude auf dem Fuß (wörtlich: wer am Freitag lacht, weint am Sonntag)
tout lui sourit alles geht ihm nach Wunsch
je ne ris pas ich rede im Ernst
ce n'était que pour rire das war nur ein Scherz
se moquer de quelqu'un sich über jemanden lustig machen.

Pleurer — weinen

pleurer son père den Tod seines Vaters beweinen
il pleure le pain qu'il donne er gönnt sich das liebe Brot nicht
verser une larme eine Träne vergießen
pleurer comme un veau wie ein Kettenhund (ein Kalb) heulen
verser des pleurs weinen, Tränen vergießen
être tout en pleurs in Tränen schwimmen

un pleure-misère Geizhals, der immer klagt
pleurer comme une Madeleine schluchzen
une larme de cognac ein Tröpfchen Cognac.

Penser – denken

ist bekanntlich eine Tätigkeit, die man mit dem Kopf ausführt, wir wollen sie also noch hierher nehmen, um in der Logik unseres an die Anatomie angeschlossenen Fahrplans zu bleiben.

Un ouvrage bien pensé ein wohldurchdachtes Werk
une personne bien pensante eine fromme Person
penser tout haut laut denken, offen reden
cela donne à penser das gibt zu denken, läßt tief blicken
je n'y ai plus pensé ich habe nicht mehr daran gedacht
penser à mal an etwas Arges denken
vous n'y pensez pas! das ist doch nicht Ihr Ernst?
Honni soit qui mal y pense ein Schelm, der Schlechtes dabei denkt, dem Reinen ist alles rein! Devise des englischen Hosenbandordens, der gegründet wurde, als Eduard III. bei Hof einer Dame das gleitende Strumpfband richtete.
Je pense meiner Meinung nach, wofür man auch
d'après moi sagen kann und nicht
après moi, was nach mir, hinter mir heißt!
voilà ma façon de penser das ist meine Ansicht
je pensais qu'il était de vos amis ich dachte, er gehöre zu ihren Freunden
penser faire gedenken, etwas zu tun; wenn es nur im Passé défini und indéfini verwendet wird, heißt es
je pensai oder *j'ai pensé mourir* nahe daran sein = ich wäre beinahe gestorben. – Das Hauptwort führen wir hier an, weil es viele andere deutsche Begriffe beinhaltet
la pensée der Gedanke

la pensée est libre Gedanken sind zollfrei; aber auch
par la pensée im Gedanken
il n'est pas tourmenté par ses pensées er hat wenig Verstand
changer d'idée seinen Plan ändern
l'idée ne m'est jamais venue das ist mir nie eingefallen; schließlich heißt pensée auch Stiefmütterchen.

Travailler – arbeiten

Es mag vielleicht ganz unberechtigt sein, eine so allgemeine Tätigkeit wie das Arbeiten ausgerechnet beim Kopf anzuführen, aber als unverbesserliche Optimisten halten wir an der Idee fest, daß auch manuelle und andere Tätigkeiten nicht ganz ohne Kopf ausgeführt werden können. Auf alle Fälle: dieser Optimismus erleichtert uns die Kapiteleinteilung.

Travailler du chapeau wörtlich: mit dem Hut arbeiten = verrückt sein
travailler la pâte den Teig durchkneten
travailler son style seinen Stil sorgfältig feilen
travailler quelqu'un jemandem keine Ruhe lassen, ihn bearbeiten
travailler en grand nach einem großen Plan arbeiten
ce cordonnier travaille beaucoup dieser Schuhmacher hat viel zu tun
travailler beim Gelde: Zinsen bringen; bei Holz und Eisen: sich krümmen, biegen, werfen; bei Mauern: Risse bekommen; vom Wein: gären; von Farben: sich verändern, verblassen
son esprit travaille sein Geist (oder er) ist in einer gewissen Aufregung
un travail de Romain eine gigantische Arbeit
le travail c'est la santé Arbeit macht gesund (nur ironisch gemeint.)

III. TEIL

VOM SALONFÄHIGEN ZUM GEGENTEIL

Was man wissen soll, aber nicht sagen muß

Die hier folgende Zusammenstellung volkstümlicher Ausdrücke und Redewendungen soll dazu dienen, das familiäre Gesicht der französischen Sprache zu zeigen, ohne dessen Kenntnis man nie etwas von ihrem wirklichen Wesen erfährt. Wer einen Menschen nur in seinem Sonntagskleid kennt, hat von seinem Aussehen ein genauso unvollkommenes Bild, wie wenn er ihn nie anders als bloß im Straßenanzug, im Arbeitskittel gesehen hätte. Mit Sprachen ist es ebenso. Nur wer eine Sprache auch im Alltagskleid kennt, gewinnt Einblick in die Denkungsart eines Volkes. Die ungeschminkte Ausdrucksweise des Volkes ist ein aufrichtigerer Spiegel für Denken und Empfinden, für Herz und Kultur eines Landes als die akademisch gültige Sprache, das Sonntagsgewand. Man soll aber nicht Volkssprache mit »Argot« – oder wie man im Deutschen sagt, Jargon – verwechseln. (Argot ist auf Großstädte und geschlossene Kreise beschränkt: Zuhälter, Verbrecher, die Welt der Spieler, der Börse, des Rennsports haben ihren Jargon. Es handelt sich dabei im Grunde um eine Art Geheimsprache, die von Außenstehenden gar nicht verstanden werden soll, also wieder um etwas anderes als Dialekte, die an Orte und Landstriche gebunden sind. Dialekte gehören zur Volkssprache. Wir beschäftigen uns hier aber weder mit Dialekten, noch mit Argot, sondern mit der in ganz Frankreich verstandenen Ausdrucksweise der großen Volksschichten von Paris, dem richtigen »langage populaire«.)

Die moderne Sprachforschung hat längst erkannt, daß die lebenserhaltenden Kräfte, die Vitamine, auch bei der Sprache von unten, von der Wurzel, herkommen. Die gebildeten Stände selbst sprechen überall eine Umgangssprache, die der des Volkes näher ist als der der Literatur. Ein ungeschriebenes Gesetz will, daß man die Umgangssprache, obwohl sie am meisten gebraucht wird, nur aushilfsweise verwendet, und daß, wenn man sich ihrer gelegentlich beim Schreiben bedient, man sie dann unter Gänsefüßchen stellt, als ob man es nicht ernst meine. Ganz so, als ob die Menschen einander nur im Sonntagskleid für voll nehmen würden. Die Wirklichkeit ist aber anders, und von dieser Wirklichkeit soll hier die Rede sein. Dazu ist aber auch notwendig, daß man sich beim Betrachten dieser Dinge nicht scheut, die manchmal ungeschminkte Sprache des Volkes auch ungeschminkt zur Kenntnis zu nehmen, ohne mit der Wimper zu zucken, »sans avoir froid aux yeux« würde der Franzose sagen, ohne »kalt in den Augen zu haben«. Noch verfehlter wäre es, bei gelegentlich saftvollen Ausdrücken irgendwelche Hintergedanken zu suchen. Das Volk denkt sich nichts dabei. Ihm sind alle animalischen Funktionen des Körpers und dieser selbst Unschuld, von der man sprechen kann; es ist ihm also natürlich, aus dieser ihm geläufigen Wirklichkeit Material für seine Ausdrucksweise zu schöpfen. Er tut dies auch reichlich, und vieles, was dem zivilisierten Menschen dann als unfein oder obszön erscheint, ist für den einfachen Mann das Natürliche und nichts als das.

In diesem Sinn haben wir auch die nachfolgende Auswahl gerade solcher Wörter und Redewendungen getroffen; was wirklich unanständig, d. h. wirklich nur zur Bezeichnung obszöner Dinge um ihrer selbst willen dient – denn das Volk hat Freude daran, aus dem Vollen zu schöpfen – haben wir hier ausgeschaltet, um nur diejenigen Ausdrücke anzuführen, die durch den täglichen Gebrauch bereits entgiftet sind, und die tatsächlich zum festen Wortschatz von Dreiviertel des Volks gehören.

DIE GEWÜRZE DER SPRACHE

Salz oder was man sagen darf

Es ist schwer, eine Grenze für Ausdrücke der Volkssprache zu finden, die noch salonfähig sind, kaum noch oder gar nicht mehr als stubenrein gelten können. Denn alle Welt spricht diese Sprache, Arbeiter wie Minister, Geschäftsleute wie Bauern, auf der Straße hört man sie und im trauten Heim auch, bloß Kindern sagt man, es gehöre sich nicht. Ihr Gebrauch bleibt im Grunde dem Gefühl und Takt des einzelnen überlassen, wo, wann und mit wem er sich »einfach« unterhalten kann. Diese Ausdrücke sind wie das Salz der Sprache. Ganz salzlose Kost ist geschmacklos, ja auf die Dauer ungesund und schlecht verdaulich. Man kann salzarm, nur nicht ganz salzlos leben, wenn man gesund sein will; aber auch das Gegenteil, eine zu gesalzene Küche ist weder gesund noch schmackhaft. Hier mag auch in der Sprache ungefähr die Grenze liegen, die jeder einzelne für sich zu finden hat.

A

Un abruti ein Idiot (von abrutir = dumm machen)

affranchi Apache, Zuhälter (von affranchir = befreien. Bedeutete früher einen befreiten Sklaven, Leibeigenen, dann einen von allen moralischen Skrupeln befreiten, amoralischen Menschen der unteren Klassen, der alles kennt und weiß)

allumeuse (une) eine »Anzünderin«, gemeint ist jener Typ von

Frauen, die einen Schritt vor und zwei zurück machen, d. h., die nicht halten, was ihr Aussehen und ihr Benehmen versprechen.

Amocher beschädigen, von

moche häßlich

andouille wörtlich: Wurst = Idiot, ungeschickter Kerl

apache Bandit, Unterweltsmensch

un as Nummer eins, brillanter Bursche, was man in Berlin »prima« nennt

arranger quelqu'un jemanden verletzen, gut zurichten, beschwindeln, jemanden im Restaurant gepfefferte Rechnungen zahlen lassen, was man auch

un coup de fusil wörtlich: einen Gewehrschuß nennt

arroser quelque chose etwas begießen

être plein aux as Geld haben

avoir quelqu'un jemanden hereinlegen

tu ne m'auras pas du wirst mich nicht erwischen, beschwindeln, daher der im vorigen Krieg berühmte Satz: »on les aura« = wir werden sie schon kriegen, gemeint waren die Deutschen.

B

Bat d'Af Abkürzung für Bataillon d'Afrique, die einst gefürchteten Strafregimenter, in denen zivile oder militärische Taugenichtse schweren Dienst machen mußten. Nicht mit der Fremdenlegion zu verwechseln! Ein Badaf ist in der Unterwelt die Bezeichnung für einen schweren Jungen, der sozusagen seine Sporen verdient hat

(une) ballade in der Volkssprache keine Ballade, sondern ein Spaziergang; die Gedichtform heißt ebenso

se ballader herumbummeln

(une) bedaine ein Dickwanst

(le) bled Wüste; verlassene Gegend; kam aus dem Arabischen und

Militärjargon und bedeutet in der Umgangssprache ein verlorenes Nest, ein Kaff, eine Gegend, in der nichts los ist

(une) bagnole ein alter Wagen, altes Auto; im allgemeinen jede Art von Auto

être dans le bain im Bad sitzen, also nackt, wehrlos sein; im übertragenen Sinn: in der Patsche sitzen

balle wörtlich: Ball, Kugel = Volksausdruck für Franken, wird aber meist erst von der Zahl Zehn ab gebraucht, »cent balles = hundert Franken«

en bande, un clan ist ein burschikoser Ausdruck für eine Gesellschaft, Gruppe

faire bande à part sich absondern

donner de la bande sich auf die Seite neigen (beim Schiff)

barboter herumschmieren oder stehlen

bazar (quel bazar!) Zeug, Krimskrams, verschiedene Gegenstände, die jemandem gehören (als Ausruf: »Welche Wirtschaft!«)

bazarder verschleudern

tomber sur un bec de gaz wörtlich: über einen Laternenpfahl stolpern, Widerstand begegnen; ausgleiten

avoir le béguin pour quelqu'un auf jemanden scharf sein, für jemanden Neigung haben

faire son beurre wörtlich: seine Butter machen = Geld verdienen

bibi kleiner Hut, mitunter auch im verächtlichen Sinn; dann »ich« im Argot. Ein

titi parisien ein kleiner, naseweiser Junge aus dem Volk, den man gern seiner frechen, aber richtigen Bemerkungen als »Volksmund« zitiert; nicht zu verwechseln mit

toutou zärtlicher Ausdruck für Hund

(une) blague Scherz, auch schlechter Witz, Lüge

sans blague! ohne Scherz! eine geläufige, manchmal ironische Redensart für »nicht möglich«

un bleu blauer Fleck und Rekrut

un bobard Gerücht, dummes Gerede

un bobo Wehweh haben, stammt aus der Kindersprache und wird häufig für eine leichte Verletzung gebraucht

boche das berüchtigte Schimpfwort für Deutsche, das im ersten Weltkrieg aufkam und dann auch von der englischen Sprache übernommen wurde; man hat sehr viel Unrichtiges über dieses an sich nichtssagende Wort geschrieben, dessen Herkunft den allermeisten Franzosen unbekannt ist. Es steht wissenschaftlich und einwandfrei fest, (siehe: Le langage populaire, Payot, Paris, von Henri Bauche, ein von der Académie Française preisgekröntes Buch), daß es aus »alboche« entstanden ist, was früher im französischen Volksmund für Deutsche gesagt wurde. Die Endung »boche« ist mit anderen Endungen wie: miche, ouille, ouze, usw. eines der zahlreichen Mittel des Pariser Volkes, neue nuancenreichere Ausdrücke zu bilden, etwa, wie man bei uns sagt Mütter-chen, Väter-chen, Bäuer-lein, Schneider-lein usw. Man sagte statt allemand, alboche, gewiß in unfreundlichem Sinn, aber ohne daß es den heutigen Klang hatte, so wie man auch italboche für Italiener sagte oder sogar heute noch rigolboche, was eine freundschaftliche Umformung von rigolo = lustig ist. Diese Endung von alboche war eher harmlos, bevor sie mit dem bösartigen Sinn populär wurde. Vor dem ersten Weltkriege sagte man auch

tête de boche was damals (nicht so wie heute) einfach »übler Kopf«, harter Schädel bedeutete, ohne eine Ideenverbindung mit Deutsch darzustellen

la gueule de bois wörtlich: Holz-Schnauze = einen Kater (haben)

bonniche kleines Dienstmädchen, das sonst

bonne heißt

boniment dumme Rede, dumme Gründe, Gewäsch, ähnlich wie bobard

boniment à la noix oder *à la manque* leeres, verfehltes Geschwätz, auch im politischen Sinn: verlogene Rede

faire du boniment à quelqu'un jemanden durch schönes Reden übertölpeln wollen (... à une femme = den Hof machen, was wörtlich wie im Deutschen: faire la [oder sa] cour heißt; bei der Gelegenheit: der in der Volkssprache häufig wiederkehrende Ausdruck

à la noix wörtlich: »mit Nüssen« dient ihr dazu, Titel, Berufe zu bezweifeln, herabzusetzen. Man hört z. B.: un artiste à la noix = ein Künstler ohne Talent, un inventeur à la noix = ein Erfinder, der nichts kann, ein, wie man in Wien sagt, »verpatzter« Erfinder

bonne femme kann man nicht für »gute Frau« sagen. Es ist verächtlich gemeint, fast wie Frauenzimmer. Es empfiehlt sich immer: Madame zu sagen. In ungebildeten Kreisen gilt es übrigens als unschicklich und beleidigend, wenn man z. B. jemanden nach dem Befinden seiner Gattin fragt, »votre femme« zu sagen. Es ist aber das richtige. Im Portier-Französisch sagt man dann »votre dame«, was eben »fein« klingt. Ebenso sagt man in diesen Kreisen nicht »votre fille« für ihre Tochter, sondern »votre demoiselle«. Will man korrekt und besonders höflich sein, so kann man entweder sagen: »comment va madame?« oder »madame ...« und den Namen hinzusetzen; »votre épouse« = »Ihre Gattin«, ist als steif und unelegant zu vermeiden, aber zulässig

botter le derrière jemanden den Hintern versohlen (wörtlich: verstiefeln), kommt von botte = Stiefel

ta bouche! wörtlich: Deinen Mund! = halt den Mund! und vulgär

ta gueule! halt die Schnauze! Auch

la boucler schnüren (die Schnauze) zu; ebenso

la ferme oder *ferme ça!* schließ (sie) zu

serrer la ceinture wörtlich: den Gürtel zuschnallen = den Riemen enger schnüren

boulot Arbeit, Beschäftigung

boulotte rundliche, volle Formen bei einer Frau

bourrage de crâne wörtlich: Ausstopfung des Gehirnkastens = Lügengeschichten, besonders in politischen Dingen. Niemand ist so mißtrauisch wie der Franzose im allgemeinen, der Pariser im besonderen, wenn er eine bourrage de crâne wittert. Nichts ist aus den zwanzig Jahren der Geschichte nach dem ersten Weltkrieg so bezeichnend wie der bekannte Umstand, daß von den 12 Millionen Lesern der als Lektüre gut gemachten bürgerlich-konservativen Blätter etwa 10 Millionen regelmäßig anders wählten, als es die Gesinnung »ihrer« Blätter hätte erwarten lassen. Dies alles aus Angst vor der bourrage de crâne. Der Mann aus dem Volk nennt bezeichnenderweise eine Zeitung fast ausnahmslos

un canard eine Ente; canard wird auch, wie bei uns, sonst für eine erfundene Nachricht gebraucht

canarder wörtlich: auf Enten schießen = schießen, niedermachen

couper le sifflet à quelqu'un wörtlich: jemandem das Pfeifchen abschneiden = jemanden zum Schweigen bringen

ça te la coupe wörtlich: das schneidet es (den Speichel) dir ab = da bleibt dir die Spucke weg

une bourrique wörtlich: ein altes Pferd, Esel = Dummkopf, schlechter Kerl; in Paris heißt es außerdem: Polizist (in Zivil), der auch

agent en bourgeois Polizist in bürgerlicher Kleidung genannt wird, den man früher an seinem

(un) melon Melone, steifen Hut und an seinen

chaussettes à clous wörtlich: genagelten Strümpfen = Nagelschuhen erkannt hat. Heute, nur noch mit einem einfachen Regenmantel und mit einem Hut bewaffnet, bieten die Zivilpolizisten kein Objekt mehr für die Karikaturisten

(une) bricole eine kleine Sache; im Volksmund bedeutet es ferner eine kleine Sache ohne Wichtigkeit

bricoler arbeiten, ohne sich anzustrengen; »irgendwas« arbeiten; basteln.

C

Cafard wörtlich: Käfer, Schwabe = Melancholie
avoir le cafard traurig sein; j'ai le cafard = mir ist mies, mulmig
calé wörtlich: gestützt; reich erfahren, beschlagen, spezialisiert sein
calotin Priester (von der kleinen Kopfbedeckung la »calotte«)
calcul Rechnung im Sinne von Berechnung, zum Unterschied von
la note die Rechnung, oder, besonders im Restaurant oder Café
l'addition.

Gallen-, Nieren- oder sonstige Steine, die sich im Körper bilden, heißen sonderbarerweise auch

calculs
casquer wörtlich: Helm aufsetzen = bezahlen
casser la croûte wörtlich: die (Brot) Rinde brechen = einfach essen und essen kurzweg
casser sa pipe wörtlich: die Pfeife zerbrechen = sterben
cela ne casse (oder *gâte*) *rien* wörtlich: das zerbricht nichts = das kann nicht schaden; im ironischen Sinn z. B.
son jeu ne casse rien mit seinem Spiel ist es nicht weit her
causer plaudern im gebildeten Französisch, dann aber immer: avec quelqu'un = mit jemandem. In der Volkssprache sagt man falsch: causer à quelqu'un = zu jemandem sprechen oder sogar: je te cause = ich spreche zu dir, für: je te parle, (ist zu vermeiden)
chahut (sprich: schahü) = Lärm, Skandal und
chahuter Lärm machen
être chocolat wörtlich: Schokolade sein = gelackmeiert sein
clochard Bettler, mit der hauptsächlichen Nebenbedeutung: Landstreicher; der Clochard ist eine für Paris typische Erscheinung der Saine-Quais und -Brücken
déménager à la cloche de bois wörtlich: beim Läuten der Holzglocke ausziehen = ungehört ausziehen, ohne zu bezahlen, »türmen«
vieux clou wörtlich: alter Nagel = alte Maschine und Auto, über-

haupt alles altes Zeug

il est moins cinq es ist höchste Zeit, vor Torschluß »fünf Minuten vor zwölf«; hat aber nichts mit

ne pas chercher midi à quatorze heures zu tun, wörtlich: nicht zwölf Uhr mittags um zwei Uhr suchen wollen = nichts Unmögliches verlangen

chouette ... ! wörtlich: Eule = fein, prima!

cracher ausspucken, im übertragenen Sinn: bezahlen, besonders wenn man gezwungen wird, etwas zu bezahlen, was man schuldet; aber

le père tout craché heißt z. B. »ganz der Vater«, wörtlich: »wie vom Vater ausgespuckt«, ein sehr plastisches, komisches Bild

rentrer dans le chou à quelqu'un wörtlich: jemandem ins Kraut treten = ihn schlagen, verprügeln

être (oder *heureux*) *comme un coq en pâte* wörtlich: sich fühlen wie ein Hahn in der Pastete = wie die Made im Speck

ça vaut bien le coup wörtlich: das ist den Schlag wert = das lohnt sich

collant wörtlich: klebend = jemand, der an einem klebt, eine »Klette«

une femme collante eine eifersüchtige Frau, die ihren Mann nie allein läßt

poser une colle eine verfängliche Frage stellen (Studentensprache)

se coller sich mit jemandem zusammentun, mit jemandem »gehen« und

un collage ein Verhältnis

se colleter sich beim Kragen fassen, (von col = Kragen), sich streiten

une combine, combinaison = Kombination; gemeint ist ein gelungenes, erfolgreiches Arrangement, eine Schiebung (ein berühmter französischer Gassenhauer fängt an: J'ai ma combine ...)

combinard gerissener, geschickter Kerl, der allerlei Geschäfte gut versteht, aber noch nicht ein Schieber

travailler du chapeau wörtlich: etwa vom Hut arbeiten = verrückt sein; gemeint ist: das Hirn (unterm Hut) ist nicht in Ordnung

un copain ist der Kamerad im burschikosen Sinn, auch Berufskollege, ebensogut Freund. Das weibliche Gegenstück ist

une copine. In gewählter Sprache sagt man besser

un(e) ami(e).

Un nom à coucher dehors wörtlich: ein Name, um im Freien zu schlafen (wie man bei uns sagt: um auf die Wände zu klettern) = fremde, ausländische Namen, die der französischen Zunge so schwerfallen. Dürfte daher kommen, daß die Bewohner eines Hauses nach Torschluß, wenn sie bei der Portierloge vorbeikommen, laut ihren Namen nennen müssen. Unfranzösische, schwer verständliche Namen mögen den Portier auf den Gedanken gebracht haben: soll der Kerl doch außerhalb schlafen! Eine ähnliche Konstruktion ist

une histoire à dormir debout wörtlich: eine Geschichte, daß man stehend einschlafen könnte = eine langweilige, meist unglaubwürdige Erzählung.

Ein Mann, mit dem nicht gut Kirschen essen ist, heißt ein *mauvais coucheur* ein schlechter Schläfer, was als Mitschläfer zu verstehen ist. Das gemeinsame Ehebett ist nicht nur Frankreichs, sondern aller lateinischen Länder Schlafzimmersymbol. Napoléon, zutiefst Lateiner, wehrte sich energisch gegen das Begehren seiner Gattin Joséphine, als sie, anläßlich der Krönung zur Kaiserin, zaghaft ein getrenntes Schlafzimmer verlangte. »Wirkliche Eheleute haben in einem Bett zu schlafen!« ist ein wenig bekannter, authentischer Ausspruch des Kaisers. Nur in großen internationalen Hotels Frankreichs gibt es die getrennten Betten, von denen französische Reisende, die aus Deutschland kommen, staunend erzählen. Im französischen Hotel der Mittelklasse kostet das Zimmer für zwei Personen entweder den Preis für eine Person, oder aber einen Zuschlag, der selten zehn Prozent übersteigt.

Couper schneiden, hat verschiedene Bedeutung

il ne coupera pas à la visite er wird nicht umhin können, den Besuch zu machen

se couper sich widersprechen, sich verraten. Das deutsche: da hat er sich aber geschnitten! heißt

il s'est fourré le doigt dans l'œil wörtlich: er ist sich mit dem Finger ins Auge gefahren, er hat sich schwer geirrt

tenir le crachoir wörtlich: den Spucknapf halten = gut antworten, anhaltend reden

crâner wörtlich: Stirn machen = stolz, eitel sein, groß tun, angeben

(une) crapule Schimpfwort, auch in der Schriftsprache = falscher, übler Bursche, gefährliches Subjekt

crasse, faire une wörtlich: Schmutz, Schmutz machen = eine Schweinerei, Lumperei begehen

crever krepieren; dieses deutsche Wort aber kommt von

crépiter platzen

crotte! ist eine verächtliche, beleidigende Ablehnung; (wörtlich: Exkremente von Haustieren). Dagegen bedeutet *ma crotte* einen Zärtlichkeitsausdruck, etwa »Krümelchen«; außerdem gibt es beim Konditor dann »crottes« = dünne längliche Schokoladenpralinés

cuisiner wörtlich: kochen = jemanden raffiniert aushorchen, zum Geständnis bringen. Gleichfalls aus dem Gebiet des Essens

se mettre à table wörtlich: sich zu Tisch setzen = eingestehen, Komplicen verraten, und

manger le morceau wörtlich: das Stück essen = Enthüllungen, Geständnisse machen, hierher gehört

la chambre des aveux spontanés ein ironischer Name, den der Pariser Volksmund dem Raum gibt, in dem strenge Polizeiverhöre vor sich gehen und die in der Regel mit »freiwilligen« Geständnissen endigen.

D

Le système D, ein im Ersten Weltkrieg aufgekommener Ausdruck für findige Leute, die sich in allen Schwierigkeiten immer zu helfen wissen.

Der Buchstabe D will besagen

(se) débrouiller wörtlich: entwirren, etwas Verwickeltes auseinandertun = (sich) zurechtfinden; und

embrouiller Durcheinander anrichten

un débrouillard ist ein findiger Kopf. Débrouiller hat denselben Anfangsbuchstaben wie das vulgärere

se démerder wörtlich: sich aus dem Dreck helfen. Beim Ausdruck »système D« bleibt anheimgestellt, welches der beiden Wörter mit d man meint.

Bon débarras! wörtlich: gut losgeworden = fort mit Schaden

découcher wörtlich: auswärts schlafen = »fremd gehen«

mettre quelqu'un dedans jemanden hereinlegen, betrügen, auch *foutre* oder *ficher dedans.*

Rentrer dedans wörtlich: hineintreten = jemandem hineintreten, ihn angreifen, prügeln

décarcasser (se) wörtlich: sich aus den Knochen lösen (von carcasse = das Gerippe) = sich in Stücke reißen

dégommer wörtlich: los-gummieren = jemanden absetzen, ihn seiner Stellung berauben; ein Direktor oder General wird auch *limogé,* was dasselbe bedeutet, von Limoges, dem Pensionopolis Frankreichs.

Dégonfler (se) wörtlich: abschwellen = Angst haben, den Mut verlieren (Luft auslassen, denn ein Gummischlauch se dégonfle)

dégueulasse schmutzig, gemein, scheußlich, ein sehr grobes Schimpfwort. Hauptwort und Adjektiv

dessaler wörtlich: entsalzen = jemanden in Laster einweihen

un homme dessalé ein lasterhafter Mensch oder auch einer, der alles kennt

(la) dinde wörtlich: Pute, Truthenne, ersetzt das bei uns gebräuchlichere Schimpfwort »Gans«

être le dindon de la farce statt: la farce de la dinde = die Fülle der Pute sein = von anderen mißbraucht werden

dingo (sprich: dängo) = Pariser Ausdruck für verrückt, kommt aus Südamerika, wo es allerdings als grobes Schimpfwort gilt

dodo faire do-do = schlafen, aus der Kindersprache (wie: lo-lo = Milch).

En avoir plein le dos, (en avoir marre) wörtlich: den Buckel voll haben von etwas = mehr als genug haben, »ich habe die Nase voll«

en douce doucement = milde, unbemerkt, heimlich.

E

Emboîter quelqu'un (mettre en boîte) wörtlich: jemanden in die Schachtel zwängen = sich über jemanden lustig machen, wofür man im Schriftfranzösisch sagt:

se moquer de quelqu'un, was sich im veralteten Deutsch als »sich mockieren« wiederfinden läßt.

Encaisser wörtlich: einkassieren = akzeptieren von Schlägen, Unannehmlichkeiten; dagegen

ne pas encaisser quelqu'un jemanden nicht vertragen, »nicht riechen« können

engueuler (sich) beschimpfen, (sich) streiten (von gueule: Maul, Schnauze); Hauptwort

engueulade. Dieser sehr gewöhnliche Ausdruck wird durch

enguirlander von guirlande = Girlande ersetzt, das nur des Gleichklangs wegen gewählt wurde

casser la gueule à quelqu'un jemandem die Schnauze einschlagen

se soûler la gueule sich betrinken

bonne gueule sympathische Schnauze, gutmütiges Gesicht

une sale gueule »eklige Fresse«, unangenehmer Kerl; (sale bobine ist im Argot, dasselbe)

faire la gueule oder *la tête* schmollen, einen Dickkopf aufsetzen

un gueuleton eine gute Mahlzeit, ein Festessen

entôler wörtlich: einblechen = jemanden bestehlen, mit dem man schläft; daher

entôleuse eine Prostituierte, die diese Spezialität ausübt

enquiquiner quelqu'un jemandem auf den Wecker fallen

épatant fabelhaft, wunderbar, ist beinahe schon Schriftsprache und kommt von

épater verblüffen (épater le bourgeois)

espèce wörtlich: Gattung, Art; außerdem auch Bargeld. In der Umgangssprache dient es zur Begleitung, Hervorhebung eines verächtlichen Ausdrucks, z. B.

espèce d'imbécile Dummkopf! so wie man im ordinären Deutsch »Miststück« sagt

avoir de l'estomac wörtlich: Magen haben = im übertragenen Sinn: viel vertragen können

estomaquer jemanden erstaunen, verblüffen

tirer l'échelle wörtlich: die Leiter wegziehen = nichts anderes mehr tun können, fertig sein
emballer einpacken
s'emballer scheu werden bei Pferden, sonst
s'emballer d'une chose auf eine Sache wild werden
être sein, hat auch in der Schriftsprache zahlreiche, für uns ungebräuchliche Bedeutungen
être de la noce oder *de l'enterrement* bei einem Fest dabei sein, an einer Beerdigung teilnehmen
être du matin, du soir Frühaufsteher sein, den Abend bevorzugen
en être de sa poche zuzahlen, aus eigener Tasche daraufzahlen
être un peu là wörtlich: ein wenig da sein = kräftig sein, jemand, mit dem man zu rechnen hat
en être pour ses frais wörtlich: nun mit den (sinnlosen) Spesen dastehen, etwas ergebnislos getan haben
être dans tous ses états in allen Zuständen sein.

F

Fric Geld (Jargon)
obtenir les faveurs d'une femme die Gunst einer Frau erlangen
elle n'a plus rien à lui refuser sie hat ihm nichts mehr zu verweigern. Bei der Gelegenheit sei vermerkt, daß
une bonne fortune wörtlich: ein gutes Geschick, ein Glücksfall = ein flüchtiges, galantes Abenteuer in der gewählten Sprache bedeutet
il est fait er ist erwischt, ertappt, verhaftet, und
faire le porte-monnaie à quelqu'un jemandem die Brieftasche stehlen
s'en faire oder *ne pas s'en faire* sich etwas oder nichts draus machen
faire faire machen lassen (Schriftfranzösisch)
faites! höfliche Antwort auf ein »pardon«, etwa wie: bitte sehr!
ficelle wörtlich: Bindfaden = schlauer Bursche, Schlingel; Rangab-

zeichen bei der Armee

filon wörtlich: Ader im Bergwerk = gute, günstige Gelegenheit

avoir un oder *le filon* auf dem richtigen Platz, Weg sein

tirer au flanc wörtlich: auf die Seite ziehen = sich drücken

avoir la flemme keine Lust zu etwas haben, ein

flemmard ein Faulpelz sein

fourbi Zeugs

fourrer (dedans) stopfen, hineinstopfen; füllen, hineinverwickeln; auch: eingesperrt werden

frousse, froussard Angst, Feigling; feige sein drückt die Volkssprache gern mit

avoir les foies aus, was man mit »Leberzustände haben« übersetzen müßte, jedenfalls anzeigt, daß man bei Angstzuständen seine inneren Organe spürt.

Fumier wörtlich: Misthaufen. Gilt in der Volkssprache, ob es auf eine Sache oder eine Person angewandt wird, als schlimmes Schimpfwort.

G H

Gaga alter Esel, Trottel, kindischer Alter

il est gaga er ist kindisch vor Alter; als Eigenschaftswort heißt es

gâteux was nicht mit

gâteau Kuchen zu verwechseln ist

gueule (la) das Maul, die Schnauze!

ta gueule Halt die Schnauze!

faire la gueule eine Grimasse schneiden, wofür man etwas wohlerzogener auch

faire la grimace sagt

gogo leichtgläubiger Mensch, der sich leicht reinlegen läßt, auch

gobeur genannt (gober un œuf = ein Ei austrinken)

gigolo hat, besonders im Volk, nicht nur die leicht verächtliche Bedeutung: Geliebter, Herzensgeliebter, sondern auch die eines

jungen Menschen ohne Bedeutung; auch Eintänzer
gosse Kind, weiblich und männlich, auch ein Zärtlichkeitsausdruck
(boire la) goutte wörtlich: einen Tropfen trinken = viel schlucken, wenn man ins Wasser fällt, dann: viel Geld verlieren; nicht zu verwechseln mit
la goutte die Gicht und
le goût (sprich: *gu*) der Geschmack.
Le gratin feine reiche Leute; stammt aus der Küche: mit geriebenem Käse überbacken
tout le gratin de Paris die vornehmen Pariser; gleichfalls aus der Küche stammt
griller rösten (le gril = das Rost) und hat mehrere Bedeutungen: eine Zigarre rauchen, jemanden denunzieren, vor Ungeduld vergehen, aber auch Fenster vergittern; hingegen:
brûler wörtlich: brennen = nicht anhalten bei einer Station
les gros wörtlich: dicke Leute = die führende Klasse; in diesem Sinn heißt
une grosse légume wörtlich: ein großes Gemüse = ein bedeutender Mann, ein »Großkopfeter« (der Politik)
les huiles wörtlich: die Öle = gleichfalls für: bedeutende Persönlichkeiten, die obenauf schwimmen, hohe Vorgesetzte. Das Wort
huppé wird fast im gleichen Sinn, adjektivisch auch in der Schriftsprache verwendet = bedeutend und elegant
la hure erwähnen wir nur, um zu betonen, daß es (sprich: hür) Kopf bedeutet und nichts anderes; la hure beim Fleischer ist ein Preßkopf.

LMN

Être dans le lac wörtlich: im See sein = ins Wasser fallen, wenn ein Geschäft gemeint ist, erledigt sein, bei einer Person
poser un lapin wörtlich: ein Kaninchen hinstellen = nicht zu einer

Verabredung kommen, jemanden sitzenlassen, ihn versetzen

machin wörtlich: Ding, Zeug

machin-chouette wörtlich: Dings-Eule = Dingsda, Zeugsda

maquereau (sprich: makro) eine Makrele = ein Zuhälter, dagegen ist eine

maquerelle eine Kupplerin oder Besitzerin eines öffentlichen Hauses, welches im Französischen allerdings einmal

une maison fermée, une maison close ein geschlossenes Haus, und ein andermal

une maison publique ein öffentliches Haus hieß

marre, en avoir marre genug haben oder etwas nicht mehr aushalten

se marrer sich köstlich unterhalten, sich kugeln

être de mêche wörtlich: mit an der Zündschnur sein = Komplice sein

vendre la mêche wörtlich: die Lunte verkaufen = etwas verraten

mère Mutter, darf nie im freundschaftlichen Sinn von Mütterchen oder: »Mutter Sowieso« verwandt werden. Im Französischen klingt das beleidigend, außer es handelt sich um alte Frauen niederen Standes. »La mère x« heißt soviel wie »Das Weibsbild x« und hat immer einen Nebengeschmack von Kupplerin; dagegen ist

le père x... gebräuchlich, was dann soviel heißt wie »der olle x« oder besser noch »Onkel x«. – Wenn man im Französischen seinen Onkel oder seine Tante anspricht, sagt man immer

ma tante, mon oncle was unserem »Tante, Onkel« entspricht; dieses »mon« und »ma« wird auch in der dritten Person beibehalten: »die Tante hat dies gesagt« heißt: »ma tante a dit ceci«

pépère Väterchen; bedeutet auch gemütlich (man sagt: j'ai une maison tout ce qu'il y a de pépère = ich habe ein denkbar gemütliches Haus)

un ménage ein Haushalt (Schriftfranzösisch) und

se mettre en ménage unverheiratet Haushalt führen

en mettre mit Hingabe, viel arbeiten, aber
les mettre davonlaufen, von: mettre les voiles = die Segel setzen
mignon, mignonne (sprich: minjon) = herzig, reizend, lieb; dagegen
mioches kleine Kinder, Bälger; auch
mômes was dann, in der Einzahl, die Geliebte heißen kann
monde wörtlich: Welt = Leute, auch in der Schriftsprache
il y a du monde es sind Leute da, viele Leute da
beaucoup de monde viele Menschen
morveux Rotznase
mouton wörtlich: Schaf = Angeber
mouchard Spitzel
mufle (un) Flegel (stärker als unser »Muffel«)
nipper (se) sich kleiden
faire la noce wörtlich: Hochzeit machen = bummeln, sich amüsieren
être noir, mur, rond, éméché »blau« sein. Auch
être gris wörtlich: grau sein, aber sehr leicht angesäuselt, und
se griser sich berauschen, betäuben, sich verlieben.

O P

A l'œil wörtlich: im Auge = umsonst
frais comme l'œil wörtlich: frisch wie ein Auge = taufrisch
faire de l'œil schöne Augen machen, kokettieren
plein comme un œuf voll wie ein Ei = völlig betrunken
à l'ombre wörtlich: im Schatten = im Gefängnis
feignant (Schriftfranzösisch: faineant) = Faulpelz; als Schimpfwort bedeutet es auch »falscher Fuffziger«, einen
faux-frère wörtlich: falschen Bruder, denn ein im Streik befindlicher Arbeiter wird von einem Streikbrecher sagen: c'est un feignant.
Être à la page wörtlich: auf der Seite (im Buch) halten = auf dem

laufenden sein, informiert sein, ebenso: *être dans le vent.*

Une peccadille eine Kleinigkeit, ein kleiner Fehler

avoir quelqu'un dans la peau wörtlich: jemanden in der Haut haben = jemandem erotisch verfallen sein; dagegen

avoir la peau de quelqu'un wörtlich: die Haut von jemandem haben = ihn erledigen, kalt machen, wie auch

le démolir ihn demolieren, zerstören

et ta sœur? wörtlich: und Deine Schwester? = haben Sie sonst noch Wünsche? Und was sonst noch? (sehr gewöhnlich).

Tu parles! wörtlich: Du sprichst! = so siehst Du aus! aber auch: und ob!

Drame passionnel Verbrechen aus Leidenschaft, das in Frankreich fast immer eine Empfehlung für den Freispruch war

bas les pattes Pfoten weg!

Tirer dans les pattes wörtlich: in die Beine schießen = ein Bein stellen

pékin Zivilist, aus der Militärsprache. Zu Beginn des 18. Jahrhunderts trugen die Zivilisten Peking-Hosen (aus chinesischer Seide), die »Nanking-Hosen« unserer Stutzer.

Peloter wörtlich: aufspulen = knutschen, betasten

avoir les nerfs en pelote nervös sein (unser Nervenbündel)
pas de pelotage avant le mariage wörtlich: kein Knutschen vor der Hochzeit = man soll nicht die Ehe vorwegnehmen
le peloton eine Gruppe von 12 Soldaten; und
peloton d'exécution Erschießungskommando
envoyer paître wörtlich: jemanden auf die Weide schicken = zum Teufel jagen
petit-lait (Schriftfranzösisch) = Magermilch
ça se boit comme du petit-lait trinkt sich wie Wasser (von starken Getränken)
pétrin wörtlich: Backtrog = Elend, Unannehmlichkeiten und...
être dans le pétrin in der Tinte, Patsche sitzen
pied wörtlich: Fuß = Esel, daher
bête comme ses pieds dumm wie Bohnenstroh
malheureux comme les pierres unglücklich, verzweifelt sein
en pincer pour quelqu'un wörtlich: für jemanden zwicken, für jemanden gezwickt sein = verliebt sein
être pincé erwischt werden
pipelet Portier, ironischer Pariser Ausdruck
ne pas piper sich nicht rühren (unser: nicht piepsagen, piepsen)
piston wörtlich: Maschinenkolben = Empfehlung, daher
pistonner quelqu'un wörtlich: jemanden vorstoßen = protegieren
plaquer jemanden stehenlassen, verlassen und
planter là wörtlich: hinpflanzen = jemanden brüsk verlassen
planquer (se) wörtlich: sich verstecken, schützen = sich »verkrümeln«
pleurer dans le gilet de quelqu'un wörtlich: in die Weste weinen = sich an jemandes Busen ausweinen
poireauter lange warten (von poireau = Lauch, der lange gekocht werden muß)
poisse Elend, Pech
poivrot Trunkenbold, von poivre = Pfeffer
polisson (Schriftsprache) = Schlingel, Schelm, oft im erotischen

Sinn, kann auch adjektivisch gebraucht werden
être dans les pommes wörtlich: in den Äpfeln sein = ohnmächtig, erstaunt sein
popote bürgerliche Küche, kochen = ruhig, gemütlich, ohne Eleganz; dann: das Kasino beim Militär
abimer le portrait wörtlich: jemandem das Porträt, das Gesicht zerstören = ihm eine reinhauen, ihn tüchtig zurichten
(un) potache ist nicht Potasche, sondern ein kleiner Student, ein Gymnasiast, daher
potacher emsig lernen; büffeln
en pousser une (chanson) wörtlich: eine stoßen = eins (Lied) singen, loslassen
prendre quelque chose pour son rhume wörtlich: etwas für seinen Schnupfen (rhume) nehmen = tüchtig etwas abbekommen (Schläge, Vorwürfe)
qu'est-ce qu'il a pris! was hat er alles einstecken müssen! Aber
qu'est-ce qu'il lui prend! was dem nur einfällt!
pour des prunes wörtlich: für Pflaumen = umsonst, nutzlos
protester protestieren, aber
protester de sa bonne foi seinen guten Glauben beteuern
purée wörtlich: Püree = Armut; Elend.

R

Raclée (une) eine Tracht Prügel (von racler = zusammenkratzen)
n'avoir pas un radis keinen Pfennig (Radieschen) haben
ça c'est raide! wörtlich: das ist steif, stark = unglaublich, ein starkes Stück
râler wörtlich: röcheln = wütend sein, schäumen, quengeln
râleur, euse schwieriger Geselle, Quengler (auch weiblich)
ramasser wörtlich: aufsammeln = verhaften, hopp nehmen
se faire ramasser verhaftet werden

ramasser une bûche wörtlich: ein Scheit aufsammeln = hinfallen, ausgleiten, auch im übertragenen Sinn

rappliquer zurückkommen, (überraschend) kommen

un raseur oder *être rasoir* wörtlich: Rasiermesser sein = langweilig, unausstehlich sein; daher auch

barbe, barbant langweilig

recaler (être) beim Examen durchfallen

en réchapper entkommen, heil davonkommen

recoller (se) wörtlich: zusammenkleben = (sich) aussöhnen

à la redresse schlau, gerissen sein

être refait (de cent sous) bestohlen sein (um hundert Sous = 5 Franken)

faire des réflexions unangenehme Bemerkungen machen, aber

à la réflexion oder *réflexion faite* nach reiflicher Überlegung

être regardant wörtlich: aufpassend sein = sehr sparsam sein

rejeton Ableger (Kind) auch

fiston Söhnchen

remettre ça wieder anfangen

garçon, remettez-moi ça Kellner, noch 'ne Runde

en être tout retourné davon ganz verdreht, schwer beeindruckt sein

avoir les sangs retournés krank sein infolge eines Schocks, »da steht einem das Blut um«

rigoler populärer Ausdruck für Lachen, wird ebenso häufig im ironischen Sinne verwendet

une rigolade das ist lächerlich

un rigolo komischer Geselle, lustiger Bursche; man sagt

c'est rigolo auf Dinge, die komisch, aber auch wieder gar nicht zum Lachen sind, im Sinne von: erstaunlich, merkwürdig

se rincer l'œil etwas mit Vergnügen besehen (meist auf Frauen und Nacktheiten)

être en rogne in Wut sein, schlechter Laune sein (rogner = stutzen, schneiden) *rompre les rangs* aus dem Militärischen: die Reihen brechen (das Kommando wegtreten! = rompez!) frei sein

un rond-de-cuir wörtlich: Lederrund auf Stühlen = unfreundliche Bezeichnung für Staatsbeamte, auch Buchhalter, die immer sitzen

rosse (il, elle est...) (vom deutschen Roß) = ein sehr unangenehmer, ironischer Mensch, eine ebensolche Bemerkung oder Sache

pousser à la roue wörtlich: am Rad schieben = in die Speichen greifen, das Feuer schüren

mettre des bâtons dans les roues wörtlich: Knüppel ins Rad = zwischen die Beine werfen

roupiller schlafen (Jargon)

rouspéter protestieren, meckern

rouspétance Meckerei

S

Avoir le sac Geld haben; (Argot: deux, trois sacs = zwei, drei Tausend)

vendre sa salade wörtlich: seinen Salat verkaufen = seinen Geschäften nachgehen

sardine Tressen auf Galauniform, die zum Unterschiede der geraden Tressen am Ärmel geschwungene Form haben

satyre (sprich: satir) Faun = ein krankhaft obszöner Lüstling, während ein

vicieux »nur« ein lasterhafter Mensch ist

aller à la schloff schlafen gehen, aus dem Deutschelsässischen. Von gleicher Herkunft ist auch

schnaps. Das Wort wird im Volk, wenn auch selten, als Alkohol verstanden

semer (Schriftfranzösisch) wörtlich: säen = jemanden loswerden, zurücklassen

serrer les fesses wörtlich: die Hinterbacken zusammenkneifen = Widerstand leisten, sich in acht nehmen

sonner wörtlich: läuten = jemanden anpfeifen, mit dem Kopf gegen die Mauer, das Pflaster schlagen

soûl (e) (sprich: su, wenn es männlich und: sul, wenn es weiblich ist) = besoffen;

être soupe-au-lait wörtlich: Milchsuppe sein = aufbrausenden Charakter haben

en avoir soupé wörtlich: von etwas gegessen haben = von einer Sache genug haben (j'en ai soupé)

faire suer quelqu'un wörtlich: jemanden schwitzen machen = jemanden sehr belästigen

système auch *système nerveux* = Nervensystem, Temperament

courir sur le système jemanden auf die Nerven gehen; ebenso

taper sur le système.

T

Tailler une bavette wörtlich: einen Sabberlatz zurechtschneiden – plaudern

tapage Lärm, Krawall

taper quelqu'un jemanden anpumpen

taper dans l'œil wörtlich: ins Auge stoßen = sehr gut gefallen

une façon tapageuse schreiend auffallend sein

tassé von: tasser = aufschichten = gut, schön, groß, gut gefüllt (Un pernod, et tassé = einen Pernod, aber gut serviert!)

timbré wörtlich: gestempelt = verrückt;

laisser tomber fallen lassen, wie im Deutschen, aber auch sehr oft: etwas wieder aufgeben

se toquer de quelqu'un sich in jemanden verschauen

être toqué verdreht sein

c'est tordant wörtlich: es ist zum Auswringen = zum Kugeln, zum Kringeln, urkomisch

un tortillard Zweigbahn, Bimmelbahn, auch ironisch auf Bahn überhaupt

mener grand train großartig auftreten
la touche die Klaviertaste, aber
faire une touche wörtlich: eine Berührung machen = eine Eroberung machen; während
toucher sonst einkassieren heißt; (toucher un chèque) außerdem
toucher quelqu'un jemanden erreichen, am Telefon z. B. und im übertragenen Sinn: rühren
c'est touchant es ist rührend
avoir le trac Lampenfieber haben
avoir la trouille Angst haben
sec comme un coup de trique, comme un clou wörtlich: wie ein Schlag mit dem Knüppel = mager sein wie ein Stecken; wie ein Nagel
tripoter wörtlich: durcheinander mischen; mehrere Bedeutungen: 1. etwas Unsauberes tun, meist unsaubere Geschäfte, oder auch in einer Pfütze oder Wunde herumwühlen; 2. antasten, knutschen und
tripotage Knutscherei, aber
une tripotée eine Tracht Prügel, dagegen
(une) tuile wörtlich: Ziegel = unerwartetes Mißgeschick (Ziegelstein auf den Kopf bekommen); Pech
tuyau wörtlich: Rohr = Tip, Information
tuyauter quelqu'un jemandem einen Rat, einen Tip geben

V

(faire une) Vadrouille, vadrouiller lärmender Ausflug, meist in Gesellschaft; einen ausgedehnten Bummel machen; Mädchen jagen, unernst sein
vaseux, vaseuse wörtlich: schlammig (la vase = Schlamm, Sumpfpfütze) = müde, unlustig, verkatert
veine wörtlich: Ader = Glück, Chance

quelle veine! welches Glück, welcher Dusel, wie schön
un veinard ein Glückspilz
(être) verni wörtlich: lackiert (sein), von vernis = Lack = Glück haben, im Gegensatz zum deutschen Begriff »lackiert sein« = hereingefallen sein
un vernissage Einweihung einer Ausstellung
un vendu ein Verkaufter, Verräter
tomber la veste sich's bequem machen
la veuve wörtlich: die Witwe = Guillotine
avoir du vice wörtlich: Laster haben, heißt aber beim Volk: schlau sein, seine Interessen raffiniert vertreten
vieux alt, in der Umgangssprache sehr gebraucht in der Form von
mon vieux mein Alter, alter Freund, was man auch zu jungen Leuten, ja sogar zu Frauen, und Frauen unter sich, sagen kann, wo sonst ebensogut
ma vieille gesagt wird
le vieux bedeutet dann Vater (und seltener
la vieille (Mutter) und: Chef, Vorgesetzter, den man, wenn es sich um den Prinzipal eines Geschäftes oder eines Lokals handelt, unter den Angestellten meist auch den
singe den Affen nennt.
Se faire vieux heißt nicht: sich alt machen, sondern alt werden.

Z

Zigouiller töten
zut! Schluß damit, zum Teufel!

Flüche und Schimpfworte sind für die Sprache, was der Pfeffer für die Küche, nicht unerläßlich für die Gesundheit wie das Salz, aber sehr wichtig für ein gesundes Temperament. Der Verbrauch von Pfeffer ist ungleich bei den Völkern; bei den germanischen, angelsächsischen wird vielleicht nicht weniger geflucht als bei den romanischen oder slawischen, aber die Skala ist kleiner. Die Romanen brauchen viel Pfeffer, mit Ausnahme der Franzosen, die darin den Deutschen ähnlich sind. Je weiter man nach dem Süden oder Südosten kommt, um so gewürzter sind die Speisen, um so gepfefferter sind die Sprachen. Ist es auch hier die Sonne, die die scharfen Kontraste erzeugt? Wer scharf Gepfeffertes nicht verträgt, möge diese paar Seiten überschlagen, genau wie man scharf gewürzte Platten auf der Speisenkarte überschlagen würde. Er wird damit weder dieses Gewürz in der Küche, noch in der Sprache des Volkes abschaffen.

Eines der verbreitetsten französischen Wörter, im Druck meistens diskret mit m ... abgekürzt, ist

merde! das täglich millionenmal und deutlich ausgesprochen wird, bald als

(le) juron als Fluch, bald als

(une) injure Schimpfwort. Es bedeutet an sich: menschliche Exkremente, also mit Verlaub zu sagen Sch ... Indessen kann es vielerlei ausdrücken, persönlichen Unwillen oder Ärger, eine schroffe Verneinung, aber selbst bewundernde Anerkennung. In diesem Falle wird es gerne als

merde alors! gebraucht, etwa wie unser »Donnerwetter ja!« Um das Ordinäre dieses Ausdrucks abzuschleifen, sagt man als Tarnung

mince und *mince alors!* was (mince = schmal) gar nichts anderes bedeutet, als einen Ersatz für den volkstümlichen Ausdruck, offenbar, weil Anfangsbuchstabe und Zahl der Buchstaben übereinstimmen. Gut erzogene Menschen behelfen sich auch gerne mit der Umschreibung

»les cinq lettres« »die fünf Buchstaben (vergleiche unsere »vier Buchstaben«) oder mit

»un mot bien français« »ein gut französisches Wort«. Am geläufigsten aber ist die Umschreibung

»le mot de Cambronne« »das Wort Cambronnes«, welches auf Grund einer historischen Anekdote in die Literatur eingegangen und durch diesen Adelsbrief, ähnlich wie der Kernspruch Götz von Berlichingens, auch von der guten Gesellschaft adoptiert worden ist; der napoleonische General Cambronne soll, als ein nobler englischer Parlamentär bei Waterloo ihm die Aufforderung zur Übergabe überbrachte, mit diesem lapidaren und leicht verständlichen Ausdruck geantwortet haben. In hundert Jahren ist viel über diese Begebenheit geschrieben worden, und Historiker von Ruf bezweifeln ihre Echtheit, das Volk aber, dem eine so knappe und einprägsame Formulierung des Nationalstolzes leicht von der Zunge geht, hält eisern an diesem Worte fest.

Was übrigens diese in Süddeutschland und Österreich so heimische Aufforderung betrifft, wörtlich übersetzt würde sie beim Franzosen nicht das richtige Verständnis finden, einer Ähnlichkeit wegen, die er in seiner Sprache besitzt und die für ihn einen anderen Begriff darstellt. Denn für ihn bedeutet ein

lèche-cul (sprich: leschkü) also ein A... lecker, wohl etwas Ähnliches, was für uns ein A... kriecher, oder für ihn milder ein

lèche-botte Stiefellecker, ist, den wir wiederum einen Speichellecker nennen.

Aber das ist doch etwas ganz anderes, als der wackere Ritter Götz sagen wollte, und zwar deshalb, weil die im Deutschen enthaltene Aufforderung zu dieser Handlung den Sinn einer provokanten Beleidigung hat, während dieser Imperativ im Französischen ungebräuchlich ist, also sozusagen seine prompte Wirkung verfehlen würde.

Wir wollen hier zwar keine Leitfaden für ordinäre Schimpfworte geben, können aber nicht umhin, die bestehenden Feinheiten der Unterschiede zu unterstreichen, der Wissenschaft halber, weil wir eben unverbesserlich gründlich sind und

à tout hasard für alle Fälle ...

Was unserem Götz-Zitat sinngemäß am nächsten kommt, jedenfalls in seiner beleidigenden Wirkung, drückt das Cambronne'sche Wort mit den fünf Buchstaben aus. Man versuche nicht, nur um die Richtigkeit dieser Behauptung zu überprüfen, dieses Wort einem Mann aus dem Volke zu sagen, wenn man ihm seine Mißbilligung ausdrücken will!

Zur gleichen Gruppe gehört

emmerder, was im übertragenen Sinne »belästigen«, »Unannehmlichkeiten bereiten«, bedeutet, wenn man von einer Sache oder einer dritten Person spricht, die einen nervös macht. Es ist gleichfalls sehr unfein. Das dazu gehörende Hauptwort

...eur das man mit Sch ... kerl übersetzen würde, erwähnen wir, weil es im Französischen nicht diese Bedeutung hat, sondern die harmlosere eines

...euse einer zudringlichen Person, die einem keine Ruhe läßt. Einen ganz anderen Sinn aber erhält dieses Verbum, wenn man es aktiv verwendet, also zum Beispiel

je les emmerde wörtlich: ich sch ... sie an, sagt, was mit dem deutschen »ich sch ... drauf« zu übersetzen wäre, im Grunde aber ebenfalls unser Götz-Zitat noch am besten vertritt, um nicht zu sagen, am — würdigsten. Was nun diese beiden eben genannten französischen Ausdrücke betrifft, so sei aus erzieherischen Gründen bemerkt, daß man besser sagt

cela m'embête das ärgert, langweilt mich (von bête = dumm, la bête = das Vieh)

c'est embêtant das ist ärgerlich; und wenn man aggressiv sein will *je les ai bien embêté* ich habe sie tüchtig geärgert, ihnen schöne Unannehmlichkeiten gemacht. Das ist durchaus nicht »unfein«. Ein gut erzogener Mensch wird diese Ausdrücke in Gesellschaft freilich durch

cela m'ennuie wörtlich: das langweilt, verdrießt mich oder

c'est ennuyeux (sprich: anüijö) ersetzen. Dagegen heißt

s'ennuyer de quelqu'un in der Umgangssprache: sich nach jemandem sehnen, und

elle s'ennuie de son mari ihr fehlt der Gatte ...; ein anderes Hilfsmittel für Menschen, die vom guten Ton nie abgehen wollen, ist, in Augenblicken, in denen sie einen Ausruf des Unwillens oder des Staunens nicht unterdrücken können, also Salz und Pfeffer brauchen,

zut! oder *zut alors!* sprich: süt) zu sagen, was etwa unserem Ausruf: Teufel! entspricht, oder schließlich auch

flûte! (sprich: flüt) was gar nichts bedeutet, sondern einfach ein konventioneller Laut ist. Selbstverständlich soll man vor Respektspersonen auch diese an sich unschuldigen Wörter vermeiden. Das Französische ist, wie angedeutet, auch in der Volkssprache nicht sehr reich an Flüchen, jedenfalls nicht so üppig, wie es die lateinischen Schwestersprachen sind. Am häufigsten wird auch in der Umgangssprache der besseren Stände – ein

nom de Dieu! verwendet. Wörtlich übersetzt hieße das: im Namen Gottes!, bedeutet aber in Wirklichkeit durchaus nichts so Sanftes, sondern im Gegenteil etwas sehr Grobes, einen Fluch, dem gewöhnlich, je nach Temperament und Klasse, noch irgendein bekräftigendes, manchmal vulgäres Wort folgt. Der schlimme Charakter dieses Fluches entgeht dem Deutschen leicht, weil er die wörtliche Übersetzung nicht anstößig findet. Das Schlimme liegt darin, daß es ursprünglich: »sacré nom de Dieu« hieß – wie ebenfalls oft gesagt wird – also: »verfluchter Name ...«, wobei das sacré – heilig selbst schon für das Gegenteil, also etwas Unheiliges, gesetzt ist. Daher hat wahrscheinlich das Zeitwort *sacrer* heiligen (sakrieren = weihen) auch die gegenteilige Bedeutung von = Fluchen angenommen, wahrscheinlich aus der Zeit, in der die Mönche den Heiden das Fluchen abgewöhnen wollten. Im Volksgemüt haben sich nach und nach die beiden Begriffe, das Verbotene und das Fromme, zu einem einzigen Begriff vermischt. So ist denn folgende, sehr häufig zu hörende mildere Formulierung zu verstehen

nom d'une pipe! wörtlich: verfluchter Name einer Pfeife! oder

nom d'un chien! wörtlich: verfluchter Name eines Hundes, wobei das an sich wenig sinnvolle Pfeife oder Hund nur einen Ersatz des beim Fluchen so unschicklichen Wortes »Gottes« darzustellen hat. (Ähnlich, wenn auch viel schwächer, ist unser »Himmel, Herrgott, Sakrament!«, denn das sind ja schließlich nicht Worte, die an sich etwas Böses bedeuten. Wie etwa Hund, was vielleicht auf morgenländische Einflüsse – aus den Kreuzzügen? – zurückzuführen wäre. Auch bei uns hat man ja versucht, die scheinbar »unentbehrlichen« Flüche abzuschwächen, indem man z. B. sagt: Sapperment statt Sakrament, Pfui Deiksel statt Pfui Teufel und dergleichen. Das geläufige

mon dieu! ein sehr dezenter, durchaus salonfähiger Ausruf, entspricht dem deutschen »Mein Gott!«, »Himmel«. Im Volk werden beide Ausdrücke selten, letzterer eigentlich nie, angewendet. Man sagt da

bon Dieu! was aber keineswegs der wörtlichen Übersetzung »guter Gott, gütiger Himmel« gleichkommt, sondern gleichfalls als unschicklich zu gelten hat, auch dann, wenn ihm nicht noch andere Worte der Bekräftigung folgen.

Auf der gleichen Linie, aber schon milder, wird im Volk

bon sang! gebraucht (wörtlich: gutes Blut), dessen Sinn und Schärfe ebenfalls nur durch das weggelassene »verflucht« verständlich wird. Unschuldig ist

ciel! Himmel! Ebenso kompliziert ist das Kapitel

cochon Schwein. Das deutsche Schimpfwort ist mehr allgemeiner

Natur. Wenn französisch von Schwein in nicht obszönem Sinn die Rede ist, wird meist

un salaud gesagt = bösartiger Bursche, während eine Dame mit

une salope belegt wird, was dann schon wieder mehr: eine »Schlampe« bedeutet, keinesfalls aber dem deutschen Wort »salopp« entspricht, wofür man besser

négligé sagt, aber nicht

un négligé, was Morgenrock heißt, oder

saut-de-lit, was man umwirft, wenn man aus dem Bett springt. Aber

une salopette Arbeitskittel, Monteur-Anzug. Ein

saligaud ist dagegen ein Dreckfink, Schuft, ähnlich ein

salopard, was einige Jahre lang die von politisch rechtsgerichteten Kreisen gebrauchte Bezeichnung für Kommunisten war. Ganz etwas anderes ist

la cochonaille nämlich wörtlich: »Schweinernes«, im Restaurant oder beim Schlächter: Aufschnitt, Wurstwaren, »kalte Platte«, die man sonderbarerweise in den feinen Gaststätten eine »assiette anglaise« = englische Platte nennt.

Für Schwein im (menschlich) unzüchtigen Sinne sagt man

(un) porc (sprich: poor) = Sau (aber im Restaurant: côtelette de porc!) Dagegen heißt

cochonnerie Schweinerei, was allerdings wie im Deutschen auch für schlechte Arbeit oder ähnliches angewandt wird. Merkwürdigerweise wird dieser Ausdruck, obgleich er im Französischen nichts Ungewöhnliches ist, so häufig den Deutschen in den Mund gelegt, daß er in der französischen Vorstellung geradezu als charakteristisch für den deutschen Soldaten gilt, wenn er seine Unzufriedenheit ausdrückt.

Collage von coller = kleben, bezeichnet ein illegitimes Verhältnis. Das Zeitwort

chier sch..., kommt in der Sprache des gewöhnlichen Volkes – aber nur dort – bei allen erdenklichen Gelegenheiten zur An-

wendung, wo es meist das Wort »tun« bekräftigend ersetzt; die gebräuchlichsten sind

faire ch... quelqu'un jemanden sehr belästigen (er kotzt mich an)

envoyer ch... quelqu'un jemanden zum Teufel schicken. Um das Kapitel »belästigen, ärgern« damit abzuschließen, sei hier vermerkt, daß man im Volke sehr oft statt dieser derben Ausdrükke dafür

il me fait suer hört, d. h. wörtlich: »er macht mich schwitzen«. Es ist das gleiche, um einige Grade weniger;

ordurier, wörtlich: schmutzig, dreckig (von ordures = Abfälle, Küchenreste jeder Art, die stinken.) Das Hauptwort

ordure! als Ausruf ist ein schlimmes Schimpfwort wie etwa »letzter Dreck!«, für eine Frau bedeutet es auch Hure, und daß jemand

des ordures spricht, will besagen, daß jemand eine gräßlich ordinäre Sprache führt. Bei dieser Gelegenheit muß schließlich verzeichnet werden, daß

ski und *faire du ski* Ski und Ski-Fahren im Französischen auf jeden Fall, aus phonetischen Gründen und um peinlichsten Mißverständnissen vorzubeugen, s-ki ausgesprochen werden muß.

Tenir la chandelle wörtlich: »die Kerze halten« = zusehen bei Dingen, die einen nichts angehen, meist im obszönen Sinn, oder von einem Mann, der die Fehltritte seiner Frau begünstigt. Im Negativen besagt es, daß man etwas nicht beschwören kann, weil man nicht dabei war.

Wenn wir das Kapitel der Dinge, die man möglichst nicht sagen soll, hier abschließen, tun wir es, weil wir glauben, das Unumgänglichste gesagt zu haben. Der französische Sprachschatz ist, was dieses Gebiet betrifft, damit bei weitem nicht erschöpft. Aber alles andere gehört fast ohne Ausnahme dem Jargon an, mit dem wir uns in diesem Rahmen nur insoweit beschäftigen, als Jargon-Ausdrücke auch in der allgemeinen, täglichen Sprache des Volkes Verwendung finden.

Paprika oder was man eigentlich überhaupt nicht sagen soll

Paprika ist ein scharfes Gewürz, das gewissen Speisen beigemengt, ausgezeichnet schmeckt, ohne das aber eine schmackhafte Küche ganz gut auskommen kann. Die Küche einiger Länder und manche Speisen allerdings sind ohne Paprika nicht denkbar. Man kann sicherlich ohne dieses rote Pulver leben. Gäbe es aber dieses rote Gewürz nicht, so wäre die Welt ärmer, die Welt der Küche versteht sich. Mit der Sprache ist es ähnlich. Auch da ist der Paprika nun einmal vorhanden und kann an der passenden Stelle angewendet, die Eigenart der Kost kraftvoll unterstreichen. Daß es nicht jedermanns Geschmack, ja, daß es vielleicht gar nicht bekömmlich ist, ist eine andere Sache oder *une autre paire de manches* — ein anderes Paar Ärmel, wie der Franzose sagen würde. Den Kindern legt man es nicht in den Mund; die Erwachsenen sollen es damit halten, wie es ihnen zusagt, aber es ist wichtig, wenn sie sich wenigstens daran erinnern, daß auch der wirkliche Paprika nicht in allen Saucen gut schmeckt. Wenn wir uns mit Dingen, die am besten unausgesprochen bleiben, hier dennoch kurz befassen, so hat das zwei Gründe. Einmal haben manche dieser Worte einen Doppelsinn, über den man sich klar sein muß. Zum anderen gibt es einige, die an sich unaussprechlich in gewissen Wortverbindungen jedoch zulässig und sogar gutes Schriftfranzösisch sind.

Le baiser der Kuß, ist ein durchaus salonfähiges Wort, das ganz wie bei uns gebraucht wird. Dagegen hat das Zeitwort

baiser küssen einen fatalen Doppelsinn, den gerade der Ausländer kennen muß, um peinliche Verwechslungen zu vermeiden. Man kann unbedenklich sagen

je la baise sur les yeux ich küsse sie auf die Augen

sur la bouche, sur le front auf den Mund, auf die Stirn usw. oder

je lui baise les mains ich küsse ihre Hände, ganz unmöglich dagegen ist es

je la baise wörtlich: ich küsse sie, schlechthin zu sagen, denn ohne Angabe des zweiten Objekts bedeutet das Wort: intimen Verkehr pflegen. Offenbar denkt der temperamentvolle Franzose, wenn er sich ohne genaue örtliche Begrenzung das Küssen allgemein vorstellt, unwillkürlich bis an die äußersten Folgerungen.

Heute ist das Gegenteil der Fall. Man küßt in Frankreich mehr als anderswo, z. T. ist es eine reine Formsache, ohne das Empfinden einer besonderen Zuneigung. Man gebraucht für diesen Vorgang vorwiegend das Wort

embrasser umarmen (von bras = Arm), das auch küssen bedeutet (während es bei uns im Gegenteil auch die intime Vereinigung bedeuten kann) selbst wenn damit keine Umarmung verbunden ist. Das Wort hat keine verfängliche Nebenbedeutung, man kann also unbesorgt sagen

je l'ai embrassée ich habe sie geküßt (umarmt). Ganz vorsichtige Gemüter fügen vielleicht vorsorglich hinzu *je l'ai embrassée sur les joues* ich habe sie auf die Wangen geküßt, was streng genommen sinnlos ist, weil man ja die Wangen nicht umarmt. Man sieht daraus, daß der Begriff »Küssen« die eigentliche Bedeutung des Wortes schon in den Hintergrund gedrängt hat. Das geht auch daraus hervor, daß man die in Frankreich übliche feierliche Umarmung bei Ordensverleihungen nicht embrasser, sondern

donner l'accolade nennt, wörtlich: die Umhalsung geben (von col = Hals, Kragen). Die Hauptsache ist der doppelte Kuß, erst rechts, dann links, meist nur angedeutet. Auf diese Weise ehren nicht nur der Staatschef und zivile Beamte, sondern auch die militärischen Vorgesetzten ihre Untergebenen, nachdem sie ihnen den Orden angeheftet haben. *Baiser* in seiner zweiten übertragenen Bedeutung ist schon ein verhältnismäßig derber Ausdruck, obgleich das Wort selbst und auch sein ursprünglicher Sinn ganz harmlos sind. Unverfänglich bezeichnet man den Liebesakt mit

faire l'amour wörtlich: Liebe machen, einem Ausdruck, der auch im Wörterbuch der Akademie, also im Schriftfranzösisch, aufgenommen, daher sozusagen stubenrein ist.

Uns erscheint er in seiner nüchternen Sachlichkeit sehr derb. Es mutet uns vor allem sonderbar an, etwas, was man sich überall und immer zu umschreiben bemüht, mit einem scheinbaren Mangel an Zartgefühl so unumwunden benannt zu sehen. Liebe machen. Wie banal klingt das für uns! Wie wenig scheinen diese beiden Wörter zusammen zu passen! Man möchte annehmen, daß die französische Sprache, die sonst über so viele raffinierte Nuancen verfügt, um Delikates auszudrücken, derbe Präzisionen dieser Art den unkultivierten Schichten des Volkes überlassen würde.

Man beachte aber, daß in diesen zwei Worten die Sache zwar unzweideutig genannt ist, ohne dabei wirklich ausgesprochen zu werden, eine Formel, die die Franzosen, wenn es sich um heikle Dinge handelt, besonders lieben. Sie erlaubt ihnen eine Sachlichkeit, die trotzdem nicht direkt, vor allem nicht obszön ist. Man darf eben plumpe Direktheit und verletzende Derbheit nicht mit Sachlichkeit und Präzision verwechseln. Der Franzose, auch der der unteren Klassen, hat ein sehr feines Ohr für diese Unterschiede, ähnlich wie der geübte Musiker die Fehler und Dissonanzen dort hört, wo der ungeübte Zuhörer nichts merkt. Aus diesem Gesichtspunkt wird es dann verständlich, daß auch die junge Frau aus gutem Hause diesen Ausdruck gebrauchen kann – wenn sie schon von solchen Dingen spricht – ohne anstößig zu wirken. Man schließe aber andererseits nicht daraus, daß man, weil diese Redewendung ein akademisches Leumundszeugnis besitzt, damit auch eine Art Freibrief bekommen hat,

à tout propos et hors de propos bei allen passenden und unpassenden Gelegenheiten damit zu paradieren. Die Grundeinstellung der Franzosen zu den Dingen der Erotik zeichnet sich auch sonst durch eine Sachlichkeit, oder besser durch eine natürliche Selbstverständlichkeit aus, die uns immer wieder befremden muß. Die Deutschen, und im allgemeinen die nichtromanischen Völker, verwechseln diese Selbstverständlichkeit zu leicht mit Mangel an Kultur, also mit Derbheit und rauhem Geradeaussein. Die französische Präzision in erotischen Dingen ist aber keineswegs eine Verneinung von Zartheit, noch von Poesie. Es scheint hier ein unerklärbarer Widerspruch zu bestehen, wenn man die Feststellung macht, daß der Franzose in allem, was die Liebe angeht, aufrichtiger, unumwundener, begnadet ungenierter ist als in anderen Lebensäußerungen, ein Widerspruch, weil gerade der Deutsche ihm seine aalglatte Höflichkeit so gerne als welsche Verlogenheit ankreidet. Wie wäre es nun, wenn sowohl das eine wie das andere nicht mit den nur durch Volksgrenzen bedingten Wertmaßstäben, gut und schlecht, aufrichtig und verlogen usw. beurteilt werden würde? Der Franzose und der romanische Mensch haben sie sich durch alle gegen die Natur gerichteten Einflüsse der Zivilisation hartnäckig bewahrt. Nicht umsonst nennt er etwas derbe erotische Scherze, sich seiner Vorfahren erinnernd, mit einem fast zärtlich-stolzen Unterton

une gauloiserie also etwa einen »gallischen Scherz«. Nicht zu verwechseln mit

une saleté, une obscénité, was eine Zote, eine Schweinerei ist.

Dieses Verbundensein mit der erotischen Natur, wie gesagt, eine Eigenheit aller lateinischen Völker, die selbstredend in der Sprache zum Ausdruck kommt, erklärt z. B. auch den sonst fast unbegreiflich häufigen Gebrauch des Zeitworts

foutre, das auch kaum richtig zu übersetzen ist. Das Hauptwort hierzu, *le foutre,* heißt: Sperma. In der besseren Umgangssprache sowohl wie in der volkstümlichen Sprechweise kehrt dieses Zeitwort in zahllosen Varianten wieder und zwar immer in einem Zusammenhang, der alles mögliche, nur nichts Erotisches bedeutet. Wir zitieren nur die allerhäufigsten

foutez-moi la paix! lassen Sie mich in Frieden, in Ruhe!

foutre le camp wörtlich: das Feld räumen = davongehen, abhauen;

foutre en l'air quelque chose etwas in die Luft schleudern, wegwerfen, zunichte machen

bien ou mal foutu gut oder schlecht gebaut sein (vom Menschen wie von einer Sache)

se sentir mal foutu sich schlecht fühlen; die Franzosen bezeichnen sich selbst oft als

je-m'en-foutistes Leute, die sich aus nichts etwas machen; dagegen ist ein

Jean-foutre ein Taugenichts; (unser »futsch« ist deutlich von foutre abgeleitet) und

un foutriquet ist ein Luftikus, wertloser Geselle

foutu zu Ende, ruiniert, kaputt sein etc.

Je m'en fous ich mache mir nichts daraus, ich pfeife drauf *de la foutaise* bedeutungsloses, wertloses Geschwätz.

Das Wort wird täglich millionenmal gesprochen, von Frauen und Männern aller Klassen. Kein Franzose denkt dabei im entferntesten an den Ursprung dieses Verbums, jeder aber weiß, daß es unschicklich ist, daß man es in Gegenwart von Respektspersonen oder Kindern nicht gebrauchen soll. Man hat, weil es ein so wesentlicher Bestandteil des Sprechens ist, ein anderes Wort dafür gefunden

ficher, das wohlerzogener, wenn auch noch immer nicht akademisch ist, und überall dort gesetzt werden kann, wo man sonst das andere sagt. Im Grunde bedeuten beide »tun«, foutre ist saftiger, herzhafter.

An dieser Stelle mögen Wißbegierige noch darüber belehrt werden, daß »miteinander schlafen« nicht mit *dormir* übersetzt werden kann, obwohl dormir schlafen heißt, sondern mit

coucher avec quelqu'un mit jemandem liegen, was ja auch plausibler ist. Unkorrekt sagt man

»coucher avec«, wie wenn es ein Wort wäre, unkorrekt, weil diesen zwei Wörtern, allein verwendet, vom grammatikalischen Standpunkt aus, ein Objekt fehlt.

Wenn wir hier des Wortes

(le) bidet das Bidet, Waschbecken zur intimen Körperpflege, Erwähnung tun, so geschieht dies nicht, weil das Wort etwa ein sprachliches Kuriosum darstellt. Bidet heißt, wenn auch wenig gebräuchlich, ein kleines Sattelpferd, und der bestimmte Toilettengegenstand wurde offenbar nach seiner einem Sattel ähnlichen Form so benannt. Ein altes Kinderlied beginnt übrigens mit den Worten: *»Je suis assis sur le bidet de mon papa ...«* – »Ich sitze auf den Schultern meines Vaters ...« Wir sprechen von der Einrichtung selbst, weil sie zu dem eben berührten und so schwierigen Thema der Sachlichkeit auf erotischem Gebiet einen vielleicht sehr aufschlußreichen Beitrag liefern kann. Dieses Instrument sachlicher Körperflege ist überall, auch in der

bescheidensten Behausung von Paris, vorzufinden, hauptsächlich dort, wo es stadtviertelweise kein Badezimmer gibt.

Zu diesem Kapitel gehört – warum wird man gleich sehen – das Wort

injection; es bedeutet nämlich Spülung, während, was wir unter Injektion verstehen

une piqûre heißt, wörtlich: ein Stich. Das Zeitwort »injecter« bedeutet in der medizinischen Sprache aber »einspritzen«. Der Vollständigkeit halber sei hier noch erwähnt, daß ein Einlauf

un lavement, eine Waschung heißt.

Bite, ein Wort, das man selten in der Literatur, dafür häufig an öffentlichen verschwiegenen Orten an die Wand geschrieben findet, ist wichtig für den Deutschsprachigen, weil es seinem »bitte« so ähnlich ist. Es ist unmöglich für den Franzosen, nicht zu lächeln, wenn er dieses harmlose Wort sieht oder hört, denn im vulgären Französisch bedeutet dieses Wort das männliche Organ.

Bizness (vom engl. *business*) heißt im allgemeinen = Geschäft, Handel,

faire le bizness auf den Strich gehen, wofür man sonst sagt

faire le trottoir wörtlich: den Bürgersteig »machen«.

Ein Wort, das aus den drei Buchstaben c.o.n. besteht, ist der sehr vulgäre, wenn auch im großen Lexikon der Académie Française verzeichnete Ausdruck für das weibliche Organ. Gedruckt wird es, wenn überhaupt, immer nur mit dem einen ersten Buchstaben c... Merkwürdig und bezeichnend ist, daß dieses Wort in allen Formen, auch als Beiwort wie zum Beispiel

comme c'est c... »wie dumm, gemein, idiotisch ist das!«, für dumm oder stupide gesetzt wird. Juden, die den Namen Cohn tragen, nannten sich, wegen des ominösen Gleichklangs daher immer entweder Cohen oder Cahen. *Con* ist heute ein zwar gebräuchliches, doch überaus ordinäres Schimpfwort; ebenso *connard* (männl.) und *connasse* (weibl.).

couillon ein dummer, schwächlicher Kerl, auch adjektivisch verwendet (von les couilles = populärer Ausdruck für Hoden). Auch bei anderen romanischen Völkern werden ja die Geschlechtsorgane gern als Schimpfworte für alles, was idiotisch oder sonstwie verächtlich ist, verwendet. Andererseits bedeutet

avoir des couilles Mut haben (vom übertragenen: männlich sein). Der Widerspruch erklärt sich wahrscheinlich damit, daß couillon den Diminutiv darstellt, daher herabsetzende Bedeutung ausdrückt.

Ein anderes Wort, das im Sprachschatz des Volkes eine ganz große Rolle spielt ist

(le) cul (sprich: kü oder sprich es lieber nicht!) = der Hintern. Von den zahllosen Kombinationen, die es mit dem unaussprechlichen Worte gibt, bringen wir wieder nur die, die einem auf der Straße immerfort begegnen. Das Wort bezeichnet nicht nur den — Podex, sondern auch den gesamten unteren und rückwärtigen Teil des menschlichen Körpers. Selbstverständlich hat es auch häufig neben dem anatomischen auch einen übertragenen Sinn. (Wie man bei uns ja auch manchmal pars pro toto nimmt, um einen Menschen zu charakterisieren). Eine

histoire de cul ist im Volksmund eine Liebesaffaire im verächtlichen Sinn, die man, weniger ordinär auch mit

histoire de fesses bezeichnen kann (eine Oberschenkel-Angelegenheit, eigentlich auch »Gesäß«).

Avoir du poil au cul wörtlich: Haare am A... haben = mutig sein, schließlich dient das Wort als Bezeichnung für Dummkopf.

Daß das Wort auch stubenreine Bedeutung annehmen kann, wird vielleicht erstaunen. Aber ein

(un) cul-de-jatte ist die akademisch zugelassene Bezeichnung für einen Krüppel, einen Menschen ohne Beine. (Warum wohl jatte = Schüssel, Napf?) Also ein Mensch, der sich auf einem einer Schüssel ähnlichen Gegenstand fortbewegt? Ebenso steht es mit

(un) cul-de-sac einer Sackgasse, bei welchem Bild offenbar der

Ärger des Volks sich Luft macht, den man über eine Gasse empfindet, die einen am Weitergehen hindert. In dem Kapitel über »Sprachen« sagt Voltaire in seinem »Dictionnaire Philosophique« gerade anläßlich dieses Ausdrucks: »Man findet das Wort cul überall und sehr schlecht angewendet: eine Straße ohne Ausgang gleicht in nichts einem Sack-Hintern; ein anständiger Mensch hätte diese Art von Straßen Sackgassen nennen können, (das ist

impasse wie auch ein anderer französischer Ausdruck heißt); der Mob hat sie aber cul benannt und die Königinnen sind gezwungen worden, sie gleichfalls so zu nennen.« Wir können es also auch ruhig tun.

(un) cul-terreux ein ungehobelter Kerl, primitiver Bauer; daß schließlich ein respektables Wort wie

reculer zurückweichen, unstreitig eine Frucht des nun oft genannten Stammes ist, geht allein schon aus seinem Sinn hervor. Aber das Stammwort bedeutet ursprünglich: Grund, Hinterteil, nur so ist die obige Wortbildung zu verstehen, ebenso wie

la culasse der Ladeverschluß (bei Gewehr, Kanone) und

la culotte die Unterhose, oder kurze Hose, auch bei Frauen, während

pantalon immer das lange Beinkleid bedeutet. Die wenigsten Franzosen denken übrigens an diesen Zusammenhang.

Tomber cul pardessus tête Kopf über A . . ., unglücklicher Sturz

peter plus haut que son cul sich aufblasen, Angabe.

ANHANG

Ausrufe

Ausrufe spielen bei Gesprächen eine wesentliche Rolle. Wer eine Sprache noch so gut beherrscht, wird, wenn ihm diese Unterbrechungen fehlen, die oft nur dem Atemholen dienen, monoton wirken, wie eine Gesangstimme ohne musikalische Begleitung. Ausrufe dienen zur Unterstreichung, Untermalung, zur phantasievollen Übertreibung. Hier die geläufigsten, unentbehrlichsten:

tant mieux! das man ununterbrochen hört, wird ganz gut mit »um so besser« übersetzt, aber für

tant pis! wörtlich »um so schlimmer«, könnte man eher »na, denn nicht«, »mir ist alles recht« sagen.

Ebenso fremd wirkt für den Nichtfranzosen

par exemple! oder *ça par exemple!* wörtlich: zum Beispiel. Es bedeutet in Wirklichkeit unerhört, unglaublich! sowohl als Ausruf des Unmutes wie des Staunens. Eindeutiger wird der Unmut, der Protest mit

tout de même! oder mit

non, mais! Hören Sie mal! wiedergegeben. Das häufige

à la bonne heure! ist wörtlich nicht übersetzbar, es bedeutet »Wunderbar! Sieh mal an! Na, fein, das walte Gott.«

Pensez-vous! penses-tu! entspricht unseren: »ach wo«, »was fällt Ihnen ein«. Ein anderer Ausdruck ist – es handelt sich hier sehr oft um geringe Unterschiede, die theoretisch schlecht erklärt werden können:

et puis, après! den man mit »na und?«, »na, wenn schon« übersetzen kann.

Aus der volkstümlichen Sprache, die natürlich unendlich reich an Varianten ist, führen wir die gebräuchlichsten Ausrufe an.

Avec ça! Was denn noch! (Im Laden heißt es einfach: Und was wünschen Sie noch?)

Tu parles! Hast du 'ne Ahnung, sagste! Dasselbe bedeutet

vous parlez! mit dem weiteren Sinn: Es ist unglaublich!

Vous parlez d'une tuile! Was für ein Pech!

Ganz unverständlich für Deutsche ist das im Volk so gebräuchliche

Et ta sœur! wörtlich: Na, und deine Schwester!, was »Und was denn noch!« bedeuten will, meist im ironischen, aber vulgären Sinn. Ein anderer Ausruf des Ärgers über eine Zumutung ist

ca, alors! etwa mit »Donnerwetter«, »Na sowas!« zu übersetzen. Von dem vieldeutigen

dites donc! und *dis donc!* wurde schon an anderer Stelle gesprochen. Es kann »na, sagen Sie mal«, »na, sag' mal« heißen und zwar als Einleitung, Überleitung zu einem Gesprächsthema wie auch »He, Sie«. Sie sind die Ausdrücke des Staunens, des Unmutes, des leisen Zweifels. Das sehr häufige

»elle est bien bonne« wörtlich: »sie ist sehr gut« = ein guter Witz, eine gute Geschichte, das Wort histoire = Geschichte wird dabei vorausgesetzt und nur selten angeführt. Man kann es auch als »'ne schöne Geschichte, das!« verwenden;

mon œil »so siehste aus«, ist volkstümlicher.

Einige salonfähige Ausrufe des Staunens sind noch:

bigre! bougre! fichtre! die alle etwa Donnerkiel, Teufel, Donnerwetter bedeuten. Die üblichen Wetterbanalitäten, die man bei Begrüßungen wechselt, sind:

Quel temps de chien! Quel sale temps! welch' Sau-, Hundewetter.

il fait frisquet hübsch kühl

il fait lourd es ist schwül

C'est du bla-bla-bla Geschwätz, Redeschwall, viel Lärm um nichts.

Zum Schluß bringen wir noch einige ganz unübersetzbare,

klangmalerische Ausrufe. Einer findet merkwürdigerweise gerade bei den Ausländern großen Anklang, vielleicht, weil er so leicht zu merken und auszusprechen ist, vielleicht auch, weil er so viel Unaussprechliches auszudrücken scheint.

Es handelt sich um

Oh là là! wobei der Franzose das là, beliebig oft wiederholen kann; andere »Tonmalereien« sind

tout le tralala der ganze Klimbim; und

avec ses cliques et ses claques mit seinen ganzen Klamotten.

Weitere wichtige Redensarten

Die hier zusammengestellte Auslese von Redensarten und typischen französischen Ausdrucksformen ist lediglich deshalb in einem besonderen Abschnitt zusammengefaßt worden, weil sie sich durchaus nicht in den anatomischen Plan einordnen lassen. Sie sind genau so wichtig, genau so gebräuchlich wie die ersteren. Wir müssen sie aber, um sie irgendwie zu ordnen und dem Leser leicht auffindbar zu machen, wenigstens nach dem Alphabet vorführen. Es handelt sich bei ihnen fast ausschließlich um Gallizismen, d. i. der französischen Sprache eigentümliche Form, Gedanken auszudrükken, die man nicht übersetzen, die man nur sinngemäß wiedergeben kann.

A

A bâtons rompus lebhaft, aus dem Stegreif

à bon entendeur, salut! Sie verstehen schon!

A bon escient mit voller Überlegung

à bout portant aus nächster Nähe

à brûle-pourpoint ohne Vorbereitung

abstraction faite de ... abgesehen von ...

accuser réception Empfang bestätigen

cela près dies ausgenommen
à chacun son métier Schuster bleib bei deinen Leisten
chacun à son tour der Reihe nach
à l'insu ohne jemandes (gegen) Wissen
aller à l'aventure aufs Geratewohl gehen
aller à l'encontre de ... entgegenhandeln
aller au plus pressé das Dringendste vornehmen
aller de l'avant kühn fortfahren
aller de mal en pis schlimmer und schlimmer werden
aller son (petit bonhomme de) chemin seinen gewöhnlichen Weg gehen
aller vite en besogne rasch arbeiten
à maintes reprises zu wiederholten Malen
(pas) âme qui vive keine lebende Seele
à part soi bei sich selbst, insgeheim
à perte de vue unübersehbar
à peu de chose près ungefähr
à pic (tomber) steil (gut fallen)
à pile ou face Kopf oder Schrift
après coup zu spät
après tout schließlich
à qui la faute? wer ist daran schuld?
A quoi bon? Wozu bloß? Das ist sinnlos!
A reculons rückwärts
à regret mit Bedauern, ungern
à sa guise nach seinem Belieben
à ses heures oder *à ses heures perdues* in seinen Mußestunden, gelegentlich, nach Belieben
à supposer que vorausgesetzt, daß
à titre gracieux umsonst; gratis
à tort et à travers in's Blaue hinein, regellos, Durcheinander
à tort ou à raison wie auch immer
à tout seigneur, tout honneur Ehre, wem Ehre gebührt

à tout hasard für alle Fälle, aufs Geratewohl
à tout jamais auf immer
à tout propos bei jeder Gelegenheit
au bas mot mindestens
au bout du compte schließlich
au demeurant im übrigen
au plus fort de am Höhepunkt
au fur et à mesure nach und nach
au juste genau
au même titre mit gleichem Recht
au petit bonheur auf gut Glück
de premier abord beim ersten Eindruck
au saut du lit zur Morgenstunde, beim Aufstehen
autant en emporte le vent in den Wind gesprochen
au vu et au su de vor aller Augen
aux risques et périls (de) auf eigene Gefahr; (Risiko = Rechnung)
avoir à sa portée zur Hand haben
avoir carte blanche freie Hand haben
avoir cours Geltung haben; (bei Geld, Banknoten)
avoir (bien) d'autres chats à fouetter andere Sorgen haben
avoir de l'étoffe Anlage haben (geeignet sein)

avoir droit de cité Recht der Gewohnheit, zugelassen; (wörtlich: Bürgerrecht)
avoir du cachet Persönlichkeit haben; etwas darstellen
avoir fait ses preuves sich bewährt haben
avoir gain de cause Recht bekommen
avoir la poisse, la malchance, manque de pot, manque de bol Pech haben
avoir l'air de scheinen; den Anschein haben
avoir le verbe haut das große Wort führen
avoir la flemme Unlust
avoir lieu de... Grund haben zu...
avoir maille à partir in Konflikt geraten, befürchten
avoir mauvaise grâce höchst ungern; (tun, sagen usw.)
avoir plusieurs cordes à son arc nie verlegen sein; mehrere Pfeile im Köcher haben
avoir qualité pour befugt, berechtigt sein, etwas zu tun
avoir raison de quelqu'un mit jemandem fertig werden
avoir son compte zuviel getrunken haben, etwas heimgezahlt bekommen
avoir trait à Bezug haben auf
avoir une idée derrière la tête Hintergedanken haben
avoir voix au chapitre Sitz und Stimme haben.

B

Baisser pavillon Flagge streichen, klein beigeben
battre à plate couture vollständig erledigen
battre comme plâtre jemanden gehörig durchprügeln
battre le pavé Pflaster treten
battre monnaie de tout aus allem Geld herausschlagen
battre son plein im vollen Gange sein
bel et bien letzten Endes

bien entendu selbstverständlich
bon gré mal gré ob man will oder nicht; (nolens volens)
brouiller les cartes alles verwirren
brûler les étapes vorbeifahren ohne anzuhalten, alle Schwierigkeiten überspringen
brûler ses vaisseaux die Brücken hinter sich abbrechen; (wörtlich: Schiffe verbrennen).

C

Cacher son jeu mit verdeckten Karten spielen
c'est le comble das ist die Höhe, das ist ja allerhand
ça y est es ist soweit, jetzt haben wir's
ça vaut la peine es lohnt sich, es ist die Mühe wert
ça vaut le coup es lohnt sich
c' est à prendre ou à laisser entweder oder, aufs Handeln lasse ich mich nicht ein
ce n'est pas de saison es ist nicht am Platze, unpassend
cela me dépasse das verstehe ich nicht; geht über mein Verständnis
cela ne me fait ni chaud ni froid es ist mir ganz egal; läßt mich kalt
cela ne prend pas das verfängt nicht
cela revient à dire que das heißt; kommt darauf hinaus
cela tient à ce que das kommt davon
cela va tout seul das ergibt sich von selbst; das ist ganz einfach
ce n'est que justice das ist nur gerecht
c'en est trop das ist zuviel
ce que femme veut, Dieu le veut die Frau hat immer recht
ce qu'il en est Tatsache ist, daß ...
c'est à n'en plus finir das nimmt kein Ende
c'est à peine si kaum
c'est à qui mieux mieux um die Wette

c'est bien fait pour lui das geschieht ihm recht
c'est facile à dire das ist leicht gesagt
c'est bonnet blanc et blanc bonnet das ist Jacke wie Hose, ein und dasselbe
ce n'est pas la mer à boire da gibt es keine Schwierigkeiten, das ist zu machen
c'est la part du feu ein kleines Opfer, um ein größeres zu vermeiden
c'est là où le bât blesse da liegt der Hase im Pfeffer, der Hund begraben
c'est là que je les attends sie sollen mir nur kommen
c'est le bout du monde das Äußerste, Allerhöchste
c'est pain béni darauf liegt Segen; eine glänzende Sache
c'est pitié que de voir es ist traurig zu sehen
c'est toujours autant das ist immerhin etwas
c'est toujours ça de pris das ist schon etwas
c'est tout comme genau dasselbe
c'est une chance à courir es lohnt, es zu versuchen
changer son fusil d'épaule seinen Beruf ändern
charbonnier est maître chez lui er ist Herr im Hause
*chassez le naturel, il revient au galop (*sprich: *galo)* die wahre Natur bricht immer wieder durch
chat échaudé craint l'eau froide ein gebranntes Kind scheut das Feuer
chemin faisant unterwegs
chercher la petite bête in etwas ein Haar finden (suchen)
clopin-clopant hinkend
clore le bec à jemandem das Maul stopfen
comme de juste, de raison selbstverständlich; mit Recht
comme si de rien n'était als wenn nichts gewesen wäre
comparaison n'est pas raison Vergleiche hinken
condamner une porte, une fenêtre eine Tür, ein Fenster vernageln. schließen

conter des balivernes Erfundenes erzählen, faseln
conter fleurette Süßholz raspeln
conter par le menu haarklein erzählen
corvée (une) eine lästige Aufgabe, ein Schlauch
coucher à la belle étoile unter freiem Himmel schlafen
couper court à kurz abbrechen
couper les vivres Zuschuß streichen, hungern lassen
cousu d'or im Golde schwimmend
coûte que coûte um jeden Preis
crier sur les toits herumerzählen, alle Welt wissen lassen
crier misère klagen
cuire au bain-marie im Wasserbad kochen
cuver son vin seinen Rausch ausschlafen.

D

Dans le temps in früherer Zeit; seinerzeit
dans son for intérieur im Grunde seines Herzens
dare-dare schnell, schnell; husch, husch
d'arrache-pied wie besessen (arbeiten)
d'autant plus (moins) que desto mehr (weniger) als
de beaucoup bei weitem (nicht)
de bon aloi ehrlich, zuverlässig; vertrauenswürdig
de bon gré freiwillig
de ce train-là wenn das so weitergeht
découvrir le pot-aux-roses das Geheimnis aufdecken;
de deux choses l'une eins von beiden
tous les deux jours jeden zweiten Tag (besser als: chaque deuxième jour!)
déduction faite de nach Abzug
défendre sa porte à sein Haus verbieten
de fond en comble von oben bis unten, gründlich
de gaîté de cœur mit freudigem Herzen

de gré ou de force freiwillig oder mit Gewalt, so oder so
de guerre lasse kampfesmüde; überdrüssig
de haute lutte nach wildem Kampf
de l'argent comptant bare Münze; bar bezahlen
de longue date seit langem
demander des dommages-intérêts Schadenersatz verlangen
de mon mieux mein Bestes; so gut ich kann
de mon vivant so lange ich lebe; zu Lebzeiten
de part en part durch und durch
de part et d'autre beiderseits
de parti pris von vornherein; voreingenommen
de plus belle viel stärker
dès le début von Anfang an
dès lors seitdem
de sitôt so bald – so früh
de son propre chef eigenmächtig
de temps à autre, de temps en temps von Zeit zu Zeit
de vive voix mündlich
devoir une fière chandelle großen Dank schulden
donnant, donnant wie du mir, so ich dir; hie Geld, hie Ware
donner dans le panneau (piège) in die Falle gehen; hereinfallen
donner du fil à retordre harte Nüsse zu knacken geben
donner la chair de poule eine Gänsehaut verursachen
donner la note den Ton angeben
donner le change irreführen
donner l'éveil aufmerksam machen
donner lieu à Anlaß geben zu
donner sa mesure seinen wahren Charakter, sein Können zeigen
donner sa tête à couper die Hand ins Feuer legen
donner un coup de collier seine letzten Kräfte zusammenreißen
dorer la pilule die bittere Pille verzuckern
d'ores et déjà seit eh und je
dormir à poings fermés ruhig und tief schlafen.

E

Elire domicile häuslich niederlassen
en appeler à appellieren an
en venir à ses fins sein Ziel erreichen
en avoir vu bien d'autres manches durchgemacht haben
en bas âge in zartem Alter
en bonne justice wenn man gerecht sein will
en chair et en os leibhaftig
en connaissance de cause in voller Kenntnis der Sachlage
encore est-il que trotzdem; allerdings
en cours de route im Verlauf, auf dem Wege
en dernier recours schließlich; letzten Endes
en désespoir de cause als letztes Hilfsmittel; als letzte Rettung
en bonne et due forme vorschriftsmäßig, gesetzlich
en être à se demander sich fragen müssen
en être à son coup d'essai noch Anfänger sein
en être réduit aux expédients bei Not jedes Mittel ergreifen müssen
en être pour ses peines, frais sich umsonst plagen, bemühen
en être quitte pour la peur mit der Angst davonkommen
en être réduit à sich gezwungen sehen, soweit gekommen sein
en faire autant genau dasselbe tun
en faire voir des vertes et des pas mûres jemanden das Leben sauer machen
en fin de compte am Ende; per saldo
en finir avec zu Ende kommen; Schluß machen
en guise de statt, für
en espèce in bar
en matière de in bezug auf
en moins de rien im Nu, in kurzer Zeit
en passer par là gezwungen sein gegen seinen Willen zu handeln
en prendre à son aise sich gehen lassen, es sich leicht machen
en pure perte für nichts

en rabattre einschränken
en raison de wegen
en rester là hier stehen bleiben; nichts weiter unternehmen
en savoir long sur viel darüber wissen
entendre les deux sons de cloches beide Parteien hören
entendre raison Vernunft annehmen
en tout bien tout honneur in allen Ehren
en tout état de cause unter allen Umständen
entre la poire et le fromage beim Nachtisch darüber reden
entrer en ligne de compte Rechnung tragen, das zählt
entrer en matière zur Sache kommen
être à même de ... in der Lage sein, zu ...
être cousu de fil blanc leicht zu durchschauen; Schwindel
être criblé de dettes bis über die Ohren verschuldet sein
être dans les bonnes grâces Gunst genießen; bevorzugt sein
être dans les nues in den Wolken sein, geistesabwesend
être dans son tort Unrecht haben
être dans une mauvaise passe in einer Klemme sein
être de connivence avec unter einer Decke stecken
être de garde Wache halten, haben
être de la partie dabei sein, mitmachen
être de moitié alles zur Hälfte teilen;
être de bon rapport viel einbringen
être de retour zurück sein
être de trop überflüssig sein
être en bonne intelligence (avec) sich gut verstehen
être en froid avec die kalte Schulter zeigen
être en jeu auf dem Spiel stehen
être en mesure de (à même) imstande, in der Lage sein
être en nage stark erhitzt sein, schwitzen
être en proie à ergriffen sein von
être en train de im Begriff sein
être la bête noire de das rote Tuch sein

être la coqueluche de der Liebling sein
être le dindon de la farce der Reingefallene sein
être le fait de jemandes Sache sein
être le point de mire Anziehungspunkt sein; Mittelpunkt
être logé à la même enseigne im gleichen Boot sitzen
être loin du compte weit davon entfernt sein
être mal à l'aise in Verlegenheit sein, sich unbehaglich fühlen
être mal en point übel dran sein
être mis dedans hineingelegt sein
être monté contre aufgebracht sein
être passé maître en mehr als vollkommen sein
être payé de retour einen Gegendienst erhalten! (auch ironisch gemeint)
être payé pour le savoir Lehrgeld bezahlt haben
être touché au vif tief verletzt, gekränkt sein
être pour beaucoup dans viel dazu verhelfen; seine Hände im Spiel haben
être pris au dépourvu überrascht werden
être pris de court kurz angerannt, Zeitmangel
être rappelé à l'ordre zurechtgewiesen werden

être en retard zu spät kommen
être revenu de seine Meinung geändert haben
être revenu de loin von den Toten auferstanden
être revenu de tout alles satt haben
être rompu aux affaires sehr gewandt sein in Geschäften
être sain et sauf mit heiler Haut davonkommen
être sous le coup de betroffen sein
être sous les verrous hinter Schloß und Riegel sein
être sujet à anfällig sein für
être sujet à caution verdächtig sein
être sur des charbons ardents auf Nadeln sitzen
être sur le pavé obdachlos, stellungslos sein
être sur le point de gerade dabei zu sein
être sur le qui-vive auf der Hut sein
être sur ses gardes auf seiner Hut sein
être sur le retour die Fünfzig überschritten haben
être tenu de verpflichtet sein
être tiré à quatre épingles wie aus dem Ei gepellt sein
être une poule mouillée ein Hasenfuß sein
être usé jusqu' à la corde gänzlich abgetragen, abgenutzt sein
être versé dans in etwas erfahren sein
en vue de im Hinblick auf.

F

Face à face Auge in Auge
faire acte de complaisance sich gefällig zeigen
faire amende honorable sich entschuldigen, Erklärung abgeben
faire autorité als Regel gelten; anerkannt, sachverständig sein
faire bon marché etwas gering achten
faire boule de neige lawinenartig anwachsen, etwas, was sehr schnell großen Umfang annimmt

faire cadeau de schenken
faire (grand) cas de viel hermachen von
faire comprendre ce que parler veut dire mit jemandem deutlich, streng reden
faire contre mauvaise fortune bon cœur gute Miene zum bösen Spiel machen
faire défaut fehlen, abwesend sein
faire des cuirs ungebildet losschwatzen
faire des façons Umstände machen
faire des misères à jemandem das Leben schwer machen
faire des pieds et des mains sich anstrengen; sich abstrampeln
faire de son (pour le) mieux sein Bestes tun
faire des ouvertures à die einleitenden Schritte tun
faire des siennes einen seiner gewöhnlichen Streiche spielen
faire double emploi überflüssige Wiederholung
faire d'une pierre deux coups zwei Fliegen mit einer Klappe schlagen
faire école eine Schule bilden; Vorbild sein
faire escale einen Hafen anlaufen (von Schiffen)
faire état de hochschätzen, sich etwas daraus machen
faire face à in Betracht ziehen
faire fausse route sich irren
faire faux bond (à) im Stich lassen
faire fi de etwas verschmähen (unser: pfui)
faire bonne figure eine Zierde sein
faire flèche de tout bois aus allen Blüten Honig saugen
faire foi gelten; bezeugen
faire fureur Aufsehen erregen
faire grâce de mit etwas verschonen; etwas erlassen
faire grise mine à ein finsteres Gesicht machen
faire horreur Entsetzen, Grauen erregen
faire la croix sur Kreuz darüber machen, verzichten
faire la moue schmollen

faire la navette (entre) hin- und herpendeln
faire la part du feu sich zu einem notwendigen Opfer entschließen
faire l'article seine Ware anpreisen
faire la Sainte Nitouche die Unschuld spielen
faire l'école buissonnière die Schule schwänzen
faire le joli cœur den Stutzer spielen; sich niedlich machen
faire les gros yeux die Stirn runzeln; schimpfen
faire long feu dauern
faire machine arrière rückwärts fahren; auch bildlich
faire mine de so tun, als ob
faire monter la moutarde au nez jemanden nervös, böse machen
faire montre de viel herzeigen
faire mousser jemanden herausstreichen
faire nombre mitzählen
faire ombre au tableau störend wirken
faire part de etwas mitteilen; bes. bei Familienanzeigen
faire partie de zu etwas gehören
faire patte de velours katzenfreundlich sein; Samtpfötchen machen
faire peau neuve den alten Adam ausziehen
faire pencher la balance den Ausschlag geben
faire pendant à ein Seitenstück bilden
faire rentrer sous terre vor Scham in die Erde sinken
faire route avec zusammengehen
faire semblant de sich den Anschein geben
faire ses réserves Vorbehalte machen
faire son beurre den Rahm abschöpfen
faire son deuil de verzichten auf
faire table rase reinen Tisch machen
faire tache d'huile sich ausbreiten
faire une perte sèche einen radikalen Verlust (geschäftlich) erleiden
faire un four fehlschlagen, Mißerfolg haben
faire un haut-le-corps in die Höhe fahren
faire un impair, une boulette, une balourdise eine Ungeschicklich-

keit begehen
faire un somme ein kleines Schläfchen machen
faire volte-face kehrtmachen
fausser compagnie à im Stich lassen
faute de grives, on mange des merles in der Not frißt der Teufel Fliegen
faute de mieux in Ermangelung eines besseren
faute de quoi sonst, widrigenfalls
filer en douce, à l'Anglaise sich drücken
en faire voir de toutes les couleurs jemandem allerhand antun
forcer la consigne gewaltsam eindringen
forcer la note übertreiben
forcer la porte de sich Eintritt erzwingen
fourrer son nez partout seine Nase in alles stecken
frais émoulu de frisch gebacken
frapper les grands coups mit strengen Mitteln einschreiten.

G

(une) Gaffe Taktfehler, Dummheit
gagner à être connu bei näherer Bekanntschaft gewinnen
gagner au change beim Tausch (Wechsel) gewinnen
gagner gros viel gewinnen
gagner la première manche die erste Runde gewinnen
garder à vue streng überwachen; wörtlich: im Auge behalten
garder les apparences den äußeren Schein wahren
grand bien vous fasse viel Glück! Gratuliere! ironisch gemeint, »ersticke daran«.

H

Haut en couleur mit roten Backen
heurter de front vor den Kopf stoßen

histoire de rire zum Spaß
hors pair unvergleichlich
hors la loi vogelfrei
hors ligne außergewöhnlich

I

Il en coûte es kostet Überwindung
il est de notoriété publique es ist allgemein bekannt
il est de rigueur es ist Vorschrift
il faut en passer par là es ist nicht zu vermeiden, man muß da durch
il m'est revenu que es ist mir eingefallen
il me tarde de ich sehne mich; bin ungeduldig, begierig
il ne faut jurer de rien man soll es nicht beschwören
il ne faut pas réveiller le chat qui dort man soll keine schlafenden Hunde wecken
il ne manquerait plus que cela das fehlte gerade noch
il n'en est pas question davon ist nicht die Rede, kommt nicht in Frage
il n'en est rien daran ist nichts, das stimmt nicht
il n'en fait jamais d'autres so treibt er's immer
il n'est pire eau que l'eau qui dort stille Wasser sind tief
il ne tient qu'à es hängt nur von ... ab
il n'y a pas à dire das ist nicht zu bestreiten
il n'y a pas de quoi gern geschehen, das macht nichts
(pas de quoi) keine Ursache
il n'y a pas de quoi fouetter un chat keine Ursache zur Aufregung
il n'y a rien de tel es gibt nichts Besseres
il connait son monde er kennt seine Leute
il s'en faut d'un cheveu (d'un rien) es hängt an einem Haar
il va de soi que es versteht sich von selbst, daß
il va sans dire que selbstverständlich, wenn

il y a anguille sous roche es steckt etwas dahinter; (wörtlich: = Aal unter dem Felsen)

il y a de l'eau dans le gaz da stimmt etwas nicht

il y a de quoi jeden Grund dazu haben

il y a gros à parier que man könnte wetten

il ne l'a pas volé es geschieht ihm recht

il y a lieu de man hat Grund zu; es liegt Veranlassung vor

il y a du tirage da gibt es noch Schwierigkeiten

imposer silence Schweigen gebieten

il y va de la vie (de l'honneur, etc.) es geht um's Leben (die Ehre usw.)

induire en erreur irreführen, täuschen.

J

J'aime à croire ich hege die Hoffnung; wörtlich: ich möchte fast glauben

jamais, au grand jamais nie und nimmermehr

j'appelle un chat un chat das Kind beim richtigen Namen nennen

je m'en moque comme de l'an quarante das ist mir völlig egal

je me suis laissé dire ich habe mir sagen lassen

je n'en reviens pas ich kann es nicht fassen

j'en passe et des meilleurs vom besten rede ich gar nicht

j'en reste à ce que j'ai dit ich bleibe dabei

je n'y suis plus du tout ich verstehe nicht mehr

jeter feu et flamme Gift und Galle spucken

je n'en peux plus ich kann nicht mehr

jeter le manche après la cognée die Flinte ins Korn werfen

jeter sa gourme sich die Hörner ablaufen

jeter son dévolu sur ... sein Auge auf jemanden werfen;

jeter un sort verzaubern

je vous le donne en mille ich wette tausend gegen eins

je vous vois venir ich weiß schon, worauf Sie hinauswollen

je vous y prends jetzt habe ich Sie

joindre les deux bouts schwierig auskommen (pekuniär)
jouer au plus fin superklug sein
jouer de malheur Pech haben
jouer gros jeu viel riskieren
jouer le tout pour le tout alles aufs Spiel setzen
jouer son va-tout Vabanque spielen, das Letzte daransetzen
jouer un mauvais tour à jemandem einen bösen Streich spielen
jour par jour Tag für Tag
par jour pro Tag
juger à propos (bon) de für richtig, angebracht halten
juger en dernier ressort in letzter Instanz urteilen
juger par soi-même sich persönlich überzeugen
jurer ses grands Dieux bei allen Göttern schwören
jusqu' à nouvel ordre bis zum Gegenbefehl
jusqu'à plus ample informé bis auf weitere Nachricht. Auskunft (bei Gericht: weitere Zeugenvernehmung).

L

ôh! La belle affaire eine schöne Geschichte! (ironisch)
lâcher prise loslassen
l'affaire a marché tout de go die Sache ging schlankweg
l'affaire est dans le sac die Sache ist geregelt
la folle du logis die Phantasie
ça laisse à désirer das läßt etwas zu wünschen übrig
laisser de côté beiseite lassen
laisser dormir eine Sache ruhen lassen
laisser en blanc auslassen; freilassen
laisser pour compte à übrig geblieben (bei Waren)
la nuit porte conseil eine Sache überschlafen; wörtlich: die Nacht bringt Rat
la plupart du temps meistens
le cas échéant wenn es nötig ist, in diesem Falle, eventuell
l'échapper belle gut davonkommen
les dés sont jetés die Würfel sind gefallen
le délai expiré nach Ablauf der Frist
le dernier cri die letzte Neuheit
le fait est que ... die Sache ist die ...
il n'y a pas le feu à la maison es brennt ja nicht; es ist nicht eilig
le jeu n'en vaut pas la chandelle es lohnt nicht (den Aufwand)
le mieux est de ... das beste ist ...
l'emporter sur den Sieg davontragen
le navire fait eau das Schiff wird leck, zieht Wasser
le plancher des vaches der feste Grund, Boden, Land
le plus tôt sera le mieux je eher, desto besser
le premier venu der erste beste
le qu'en dira-t-on was die Leute sagen; Klatsch
le revers de la médaille die Kehrseite
les jours se suivent et ne se ressemblent pas die Zeiten ändern sich
les trois quarts du temps meistenteils

le tenir de es von jemandem gehört haben
tout à l'avenant alles dementsprechend
lever la consigne das Verbot aufheben
lever le pied durchbrennen
libre à vous de es steht Ihnen frei
lier partie avec sich vereinigen, zusammentun mit.

M

Mal à propos ungelegen
mal (bien) lui en prit de es war sein Schaden (Glück)
mal tourner schiefgehen; verkommen
manquer de parole sein Wort brechen
manquer le coche eine gute Gelegenheit, Postkutsche versäumen
manquer son coup sein Ziel verfehlen
marcher comme sur des roulettes wie am Schnürchen gehen
marquer les pas auf der Stelle treten; rhythmisch gehen
mêlez-vous de ce qui vous regarde kümmern Sie sich um Ihre eigenen Angelegenheiten
ménager la chèvre et le chou es jedem recht machen wollen
ménager une surprise à eine Überraschung bereiten
mener à bien glücklich zu Ende führen
mener à la baguette jemanden streng halten, behandeln
mener grand train viel Aufsehen machen, großes Leben führen
m'est avis que meine Meinung ist
mettre les bouts, les voiles die Segel setzen
mettre à contribution benutzen, heranziehen, besteuern
mettre à couvert in Sicherheit bringen
mettre à flot flott machen
mettre à jour seine laufenden Geschäfte (Korrespondenz) besorgen, aufarbeiten
mettre à la raison quelqu'un jemanden zur Vernunft bringen

mettre à mort hinrichten; töten (Stierkampf)
mettre à nu bloßstellen
mettre à part beiseite legen
mettre à profit Vorteil ziehen, ausnutzen
mettre à sac plündern
mettre (tirer) au clair ins reine bringen
mettre au défi mit jemandem wetten, herausfordern
mettre au net ins reine bringen
mettre au point etwas fertigstellen, aufs laufende bringen
mise au point Richtigstellung
mettre au rebut als unbrauchbar wegwerfen
mettre au supplice in große Verlegenheit setzen, wörtlich: auf die Folter spannen
mettre aux voix abstimmen
mettre bas les armes die Waffen strecken
mettre bon ordre à ein Ende machen
mettre dedans hineinlegen, betrügen
mettre de la mauvaise volonté schlechten Willen zeigen
mettre des bâtons dans les roues Hindernisse in den Weg legen; Knüppel zwischen die Beine werfen
mettre des gants pour mit Samtpfötchen anfassen
mettre en branle in Bewegung setzen
mettre en demeure de jemanden bedrohen, zwingen, dringend warnen
mettre en émoi in Erregung bringen
mettre en garde contre jemanden warnen
mettre en mesure de jemanden in die Lage versetzen, verhelfen
mettre en œuvre benutzen, Mittel ausnutzen
mettre en pratique in die Praxis umsetzen
mettre en question in Frage stellen, in Zweifel ziehen
mettre en train in Gang bringen
mettre en vedette herausstellen, herausheben
mettre la charrue devant les bœufs etwas am verkehrten Ende an-

fangen; Pferd am Schwanz aufzäumen
mettre la sourdine à dämpfen
mettre l'eau à la bouche den Mund wässerig machen
mettre le holà ein Ende machen
mettre les points sur les i genau sein, aufs I-Tüpfelchen
mettre sens dessus dessous alles durcheinander bringen, Unordnung schaffen
mettre sous clefs verschließen
mettre sur la paille an den Bettelstab bringen; wörtlich: aufs Stroh
mettre sur la sellette sich jemanden vornehmen; wörtlich: in den Sattel
mettre son grain de sel ungefragt seine Meinung äußern
mettre sur la voie jemanden den Weg weisen, zurechtweisen
mettre sur le tapis etwas zur Sprache bringen
mettre un frein à Zaum anlegen
mieux vaut tard que jamais besser spät als nie
militer en faveur de zu jemandes Gunsten sprechen, handeln
mi-figue-mi-raisin sauersüß
monter sur ses ergots sich auf die Hinterbeine stellen
monter sur ses grands chevaux sich aufs hohe Roß setzen
montrer patte blanche Farbe bekennen
mourir de sa belle mort an Altersschwäche sterben.

N

Nager entre deux eaux zwischen zwei Parteien schwanken
n'avoir cure de sich nicht bekümmern um
n'avoir garde de sich hüten, bewahre!
n'avoir ni feu ni lieu weder Hab noch Gut
n'avoir rien à se mettre sous la dent nichts zu beißen haben
n'avoir pas la bosse du travail angeborene Faulheit
ne pas avoir le sens commun Mangel an gesundem Menschenverstand

n'avoir pas un sou vaillant keinen Pfennig haben
n'avoir rien à voir là dedans durchaus nichts damit zu tun haben
nécessité fait loi Not kennt kein Gebot
ne faire aucun cas de keinen Wert darauf legen
ne faire ni une ni deux ohne einen Augenblick zu zögern
ne le céder à personne niemandem nachstehen
ne le céder en rien à nicht weniger wert sein
ne pas attendre son reste sich still aus dem Staub machen
ne pas démordre de sich nicht ausreden lassen
ne pas entendre malice keine böse Absicht haben
ne pas entendre raison keine Vernunft annehmen
ne pas être dans son assiette nicht ganz auf der Höhe sein
ne pas être en reste avec jemandem nichts schuldig bleiben
ne pas faire mine de nicht daran denken, zu
ne pas mâcher ses mots kein Blatt vor den Mund nehmen
ne pas payer de mine kein ansprechendes Aussehen haben
ne pas reculer (avancer) d'une semelle nicht einen Fuß breit weichen (vorwärts kommen)
ne pas savoir à quoi s'en tenir nicht wissen, woran man ist
ne pas savoir s'y prendre sich ungeschickt anstellen
ne pas savoir vivre keine Lebensart haben

ne pas s'y frotter mit jemandem nichts zu tun haben wollen
ne pas se moucher du pied eingebildet sein; (wörtlich: sich nicht mit dem Fuß die Nase putzen)
ne pas s'en cacher kein Geheimnis daraus machen
ne pas s'en tenir à... es nicht bei... bewenden lassen
ne pas souffler mot de etwas verschweigen
ne pas offrir de difficulté keine Schwierigkeiten bieten
ne pas tenir en place nicht ruhig bleiben können
ne pas y regarder de près es nicht zu genau nehmen
ne pas manquer de nicht verfehlen
ne faire rien qui vaille nichts Taugliches leisten
ne pas savoir à quel saint se vouer nicht ein noch aus wissen
ne savoir pas par quel bout prendre quelqu'un nicht wissen, wie man jemanden anzufassen hat
ne savoir rien de rien absolut nichts wissen
ne pas savoir sur quel pied danser nicht wissen, was man tun soll
n'être pas à la noce in einer kritischen Lage sein
n'être pour rien dans nichts mit einer Sache zu tun haben
n'y voir goutte absolut nichts sehen
ni vu ni connu so tun als ob man nichts wüßte, keine Spuren hinterlassen
nous y voilà! da haben wir's!
nul et non avenu null und nichtig
n'y plus pouvoir tenir es nicht aushalten können
n'y voir que du feu das Wesentliche nicht begreifen.

O

Obéir au doigt et à l'œil aufs Wort gehorchen
on en est là soweit wären wir
on lui donnerait le bon Dieu sans confession er sieht ganz harmlos aus, ist aber ein durchtriebener Gauner

on ne fait rien de rien aus nichts wird nichts
on ne m'y reprendra plus das soll mir nicht wieder passieren
on ne prête qu'aux riches nur die Reichen haben Kredit
on ne s'avise jamais de tout man denkt auch nicht an alles
on ne saurait jurer de rien man kann es nicht beschwören
on se fait à tout man gewöhnt sich an alles
ôte-toi de là que je m'y mette räume mir deinen Platz ein
où je ne m'y connais pas ich müßte mich sehr irren
où sont les neiges d'antan? wo sind die schönen Zeiten? (such dir den Schnee vom vergangenen Jahr)
où voulez-vous en venir? worauf wollen Sie hinaus?
ouvrir la marche sich an die Spitze stellen.

P

Par acquit de conscience aus Gewissenhaftigkeit, ordnungshalber
par-dessus le marché noch obendrein
par devers soi in seinem Herzen (Innern); auch: in persönlichem Gewahrsam
par le temps qui court heutzutage
par retour du courrier postwendend
partir d'un éclat de rire laut auflachen
par trop zu sehr
pas le moins du monde nicht im geringsten
pas que je sache nicht, daß ich wüßte
passe encore das geht noch an
passer les bornes zu weit gehen, über die Hutschnur
passer l'éponge sur Schwamm drüber!
passer outre darüber hinweggehen; sich darüber hinwegsetzen
passer pour gehalten werden für
passer sous le nez etwas verpassen
passer sous silence mit Schweigen übergehen

passer une nuit blanche eine schlaflose Nacht verbringen
et patati et patata und noch dies und noch das
payer d'audace Kühnheit zeigen, unverschämt sein
payer de mots mit schönen Worten abspeisen
payer de retour erwidern
payer de sa personne am eigenen Leibe erfahren
payer en monnaie de singe seine Gläubiger zum besten halten
payer la casse den Schaden tragen
payer les pots cassés für den Schaden aufkommen
payer par acomptes allmählich bezahlen (»auf Stottern«), auf Raten
se payer une tranche sich kranklachen (Jargon)
pendre la crémaillère eine neue Wohnung festlich einweihen; wörtlich: den Richtkranz aufhängen
perdre au change beim Umtausch verlieren
perdre les pédales unsicher werden
petit à petit nach und nach
peu à peu allmählich
peu (m') importe das ist (mir) gleichgültig, unwichtig
peu ou prou gar nicht
peu s'en faut es fehlt wenig
piquer au vif jemanden empfindlich beleidigen
planter là (quelqu'un) jemanden stehen (im Stiche) lassen
pleuvoir à verse in Strömen regnen
plier bagage sein Bündel schnüren
plus que de raison im Übermaß; wörtlich: mehr als vernünftig
porter aux nues jemanden bis in den Himmel heben
porter bonheur (malheur) Glück (Unglück) bringen
porter ombrage jemandem schaden
porter (déposer) plainte Klage führen (einreichen)
porter préjudice à jemandem Unrecht tun; Nachteil bringen
pousser quelqu'un à bout jemanden zur Verzweiflung bringen
pousser les hauts cris sich wild gebärden
pour ainsi dire sozusagen

pour autant que soweit als
pour des prunes für nichts und wieder nichts
pour dire vrai um die Wahrheit zu sagen
pour en arriver là um dahin zu gelangen
pour en avoir le cœur net um im klaren zu sein
pour peu que für den Fall, daß
pour que nul ne l'ignore damit es jeder erfährt
pour tout de bon in allem Ernst
pour un peu es fehlt nicht viel, fast
pour un rien über die geringste Kleinigkeit
pour votre gouverne zu Ihrer Kenntnis
pousser à la roue die Hand bieten zu, mitsteuern;
prendre acte de Notiz nehmen
prendre à contre-sens verkehrt auffassen
prendre quelqu 'un à part jemanden auf die Seite nehmen
prendre à partie jemanden angreifen
prendre au dépourvu unvorbereitet finden
prendre des forces Kräfte sammeln
prendre de force mit Gewalt nehmen
prendre la tangente flüchten (Jargon)
prendre en amitié seine Freundschaft schenken
prendre en défaut (faute) jemanden erwischen, tadelnswert finden
prendre en grippe jemanden nicht leiden können
prendre en pitié Mitleid haben
prendre fait et cause pour Partei nehmen für
prendre goût à Gefallen finden an
prendre (quelqu'un) la main dans le sac jemanden bei frischer Tat ertappen
prendre la mouche sich beleidigt fühlen
prendre le chemin des écoliers trödeln
prendre le dessus etwas überwinden
prendre la partie de sich anschließen
prendres les choses en douce eine Sache von der guten Seite

auffassen
prendre les devants zuvorkommen, vorzeitige Maßnahmen ergreifen
prendre (bonne) note de (gerne) zur Kenntnis nehmen
prendre ombrage de sich verletzt fühlen;
prendre plaisir à Vergnügen daran finden
prendre ses aises ohne Rücksicht handeln; sich ungeniert benehmen
prendre son courage à deux mains sein Herz in beide Hände nehmen
prendre son mal en patience seine Leiden geduldig ertragen
prendre sur le fait auf der Tat ertappen
prendre sur soi auf sich nehmen
prendre son temps sich nicht beeilen
prendre sur le vif auf frischer Tat ertappen
pris sur le vif aus dem Leben gegriffen
prendre des vessies pour des lanternes jemandem etwas weismachen
prendre une bonne (mauvaise) tournure eine gute (üble) Wendung nehmen
prendre un mauvais pli eine schlechte Gewohnheit annehmen
prêter à la critique (plaisanterie) Grund zur Kritik (zum Lachen) geben
prêter serment Eid leisten
prêter son concours à mitwirken
promettre monts et merveilles goldene Berge versprechen
purger une peine seine Strafe verbüßen.

Q

Qu'à cela ne tienne! darauf kommt es nicht an, das macht gar nichts, na wenn schon
qu'ai-je à faire de was brauche ich das
quand il n'y en a plus, il y en a encore es gibt immer noch etwas
quand le diable se fait ermite junge Hure, alte Betschwester

quand le vin est tiré, il faut le boire die Suppe, die man sich eingebrockt hat, muß man auslöffeln

quand on n'a pas ce que l'on aime, il faut aimer ce que l'on a man muß nehmen, was man kriegt

quelle mouche vous pique? welche Laus ist dir über die Leber gelaufen?

qu'est-ce à dire? was soll das bedeuten?

qu'est-ce qui vous prend? Was fällt Ihnen ein?

qui a bu boira wer einmal sündigt, sündigt wieder

qui aime bien châtie bien wer sein Kind liebt, züchtigt es

qui de droit gebührenderweise

qui dort dîne wer schläft, braucht nicht zu essen

qu'importe! was liegt daran!

qui ne dit mot consent keine Antwort ist auch eine Antwort

qui n'entend qu' une cloche n'entend qu'un son man muß beide Teile hören

qui paie commande wer das Geld hat, hat die Macht

qui paie ses dettes s'enrichit wer seine Schulden bezahlt, verbessert seine Lage

qui plus est was noch dazu kommt

qui que ce soit wer auch immer

qui se ressemble s'assemble gleich und gleich gesellt sich gern

qui s'excuse s'accuse wer sich entschuldigt, klagt sich an

qui s'y frotte s'y pique wer ihm zu nah kommt, muß daran glauben

qui trop embrasse mal étreint wer zu viel anfängt, bringt wenig zustande

qui vivra verra es wird sich zeigen

qu'on se le dise man soll es sich gesagt sein lassen.

R

Raconter par le menu ausführlich erzählen
rebrousser chemin (auf halbem Weg) umkehren
recommencer de plus belle noch stärker anfangen
réduire à néant völlig vernichten; in nichts auflösen
réduire au silence zum Schweigen bringen
réduire à sa plus simple expression auf die einfachste Formel bringen
regarder dans le blanc des yeux jemandem starr in die Augen sehen
regarder de travers mit scheelen Augen ansehen
relever de maladie vom Krankenbett aufstehen
remettre à neuf neu herrichten
remettre au point ins rechte Geleise bringen
rendre la monnaie de la pièce mit gleicher Münze zahlen
rendre compte de Rechenschaft geben
rendre gloire à preisen
rendre grâce à Dank abstatten
rendre l'âme den Geist aufgeben, die Seele aushauchen
rendre la pareille à Gleiches mit Gleichem vergelten
rendre la vie dure à einem das Leben sauer machen
rentrer dans sa coquille die Hörner einziehen; sich in sein Schneckenhaus zurückziehen
rentrer en grâce wieder in Gnaden aufgenommen werden
renvoyer la balle à l'ascenseur à quelqu'un jemandem lebhaft antworten
répondre du tac au tac Schlag auf Schlag antworten
reprendre haleine Atem schöpfen
reste à voir si man muß sehen, ob
rester gros Jean comme devant immer ein armer Teufel bleiben
rester sur le carreau auf dem Schlachtfeld bleiben, im Stich gelassen werden
restons-en là! lassen wir's genug sein!

revenir à la charge wieder auf etwas zurückkommen
revenir bredouille unverrichteter Sache zurückkommen
revenir sur une décision einen Entschluß umstoßen
rien qui vaille nichts Ordentliches
rira bien qui rira le dernier wer zuletzt lacht, lacht am besten
risquer gros viel aufs Spiel setzen
river le clou à . . . entschieden antworten
ronger son frein seinen Ärger verbeißen
rouler sa bosse sich herumtreiben.

S

Saisir au vol auffangen, aufschnappen; im Flug erwischen
sans autre ohne weiteres
sans bourse délier ohne die geringsten Kosten
sans crier gare unerwartet; ohne Warnung
sans foi ni loi ohne allen Grundsatz; ohne Treu und Glaube
sans forme de procès ohne Umschweife
sans mot dire ohne ein Wort zu sagen
sans paix ni trêve ohne Rast und Ruh
sauf avis contraire falls sich nichts ändert
sauf votre respect mit Respekt zu melden
sauter à pieds joints vollen Anlauf nehmen
sauter le pas nach langem Zögern einen kühnen Entschluß fassen; den Absprung finden
savoir à qui s'en prendre wissen, an wem die Schuld liegt; an wen man sich zu halten hat
savoir gré à jemandem verbunden sein für
savoir le reste schon längst wissen
savoir se retourner sich in allen Lagen zurechtfinden
savoir s'y prendre eine Sache richtig anfangen
séance tenante auf der Stelle; sofort
se brûler la cervelle sich eine Kugel durch den Kopf schießen
se défaire de etwas loswerden; sich entledigen

se donner bien du mal pour sich (sehr viel) Mühe geben
se donner des airs vornehm tun; so tun als ob
se donner le mot sich verständigen über eine Sache; wie auf Verabredung
se fâcher tout rouge sich wütend ärgern
se faire à sich an etwas gewöhnen
se faire bien voir sich in Gunst setzen; sich einschmeicheln
se faire désirer auf sich warten lassen
se faire fort de sich stark machen
se faire une beauté sich zurecht machen
se faire vieux alt werden
se frayer un passage sich Bahn brechen
se jeter à l'eau de peur de la pluie vom Regen in die Traufe kommen
se laisser gagner de vitesse sich von jedem überholen lassen
se laisser manger la laine sur le dos sich das Fell über die Ohren ziehen lassen
se laisser tondre sich übers Ohr hauen lassen
se le tenir pour dit es sich gesagt sein lassen
selon toute apparence allem Anschein nach
s'embarquer dans une affaire sich auf etwas einlassen
se ménager une sortie sich die Hintertür offenhalten
se mettre à califourchon sich rittlings setzen
se mettre à couvert in Deckung gehen; in Schutz begeben
se mettre à l'abri de sich schützen
se mettre à la portée de sich auf die Geistesstufe stellen von
se mettre au courant de sich über eine Sache unterrichten
se mettre au diapason de sich anpassen
se mettre dans de beaux draps sich in eine üble Lage versetzen
se mettre dans tout ses états sich sehr aufregen
se mettre en avant sich vordrängen
se mettre en campagne losziehen
se mettre en devoir de für seine Pflicht halten
se mettre en garde contre sich hüten

se mettre en valeur sich vorschieben
se pâmer, pouffer de rire sich kranklachen
se passer de darauf verzichten
se porter comme un charme kerngesund
se porter garant für etwas garantieren
se pourvoir en cassation Berufung einlegen
se prêter à sich hergeben zu
se prêter aux circonstances sich in die Umstände fügen
se rattraper sur sich entschädigen
se réclamer de sich berufen auf
se rendre à sich überzeugen lassen, sich begeben
se répandre en (éloges, reproches) sich in (Lobsprüchen, Vorwürfen) ergehen
se ressembler comme deux gouttes d'eau sich ähneln wie ein Ei dem andern
se faire vieux alt werden
se frayer un passage sich Bahn brechen
se jeter à l'eau de peur de la pluie vom Regen in die Traufe kommen
se laisser gagner de vitesse sich von jedem überholen lassen
se laisser manger la laine sur le dos sich das Fell über die Ohren ziehen lassen
se laisser tondre sich übers Ohr hauen lassen
se le tenir pour dit es sich gesagt sein lassen
selon toute apparence allem Anschein nach
s'embarquer dans une affaire sich auf etwas einlassen
se ménager une sortie sich die Hintertür offenhalten
se mettre à califourchon sich rittlings setzen
se mettre à couvert in Deckung gehen; in Schutz begeben
se mettre à l'abri de sich schützen
se mettre à la portée de sich auf die Geistesstufe stellen von
se mettre au courant de sich über eine Sache unterrichten
se mettre au diapason de sich anpassen
se mettre dans de beaux draps sich in eine üble Lage versetzen

se mettre dans tout ses états sich sehr aufregen
se mettre en avant sich vordrängen
se mettre en campagne losziehen
se mettre en devoir de für seine Pflicht halten
se mettre en garde contre sich hüten
se mettre en valeur sich vorschieben
se pâmer, pouffer de rire sich kranklachen
se passer de darauf verzichten
se porter comme un charme kerngesund
se porter garant für etwas garantieren
se pourvoir en cassation Berufung einlegen
se prêter à sich hergeben zu
se prêter aux circonstances sich in die Umstände fügen
se rattraper sur sich entschädigen
se réclamer de sich berufen auf
se rendre à sich überzeugen lassen, sich begeben
se répandre en (éloges, reproches) sich in (Lobsprüchen, Vorwürfen) ergehen
se ressembler comme deux gouttes d'eau sich ähneln wie ein Ei dem andern

T

Tabler sur bauen, rechnen, zählen auf
tailler en pièces in Stücke reißen
tailler une bavette ein Schwätzchen halten
tambour battant ohne viel Federlesen
tant bien que mal so gut es geht; holterdiepolter!
tâter le terrain das Gelände erforschen, vorfühlen
tel ou tel, untel (un tel) Herr Soundso
tel que im gleichen Zustand
tendre une perche à jemanden ein Sprungbrett bieten; Chance geben
tenir bon standhalten; durchhalten

tenir de haben von, ähnlich sein
tenir en respect sich Autorität verschaffen
tenir la bride haute à jemanden den Brotkorb höher hängen
tenir la chandelle die Kerze halten
tenir la dragée haute es einem schwer machen
tenir la queue de la poêle das Heft in Händen halten
tenir le haut du pavé zu der feinen Welt gehören
tenir lieu de . . . à ersetzen
tenir quitte de eine Schuld als getilgt ansehen
tenir rigueur à an seinem Groll festhalten
tenir table ouverte ein offenes Haus halten
terre à terre banal, phantasielos, realistisch
tirer à conséquence Folgen nach sich ziehen
tirer à sa fin dem Ende zu gehen
tirer au sort auslosen
tirer de son côté seinen eigenen Weg gehen
tirer la couverture de son côté alles für sich haben wollen
tirer les ficelles die Fäden in der Hand haben; (vom Puppenspiel)

tirer parti de seinen Vorteil ziehen
tirer son épingle du jeu sich zurückziehen
tirer sur la même corde am gleichen Strang ziehen
tomber d'accord einig werden
tomber à pic hinhauen
tomber de son haut aus allen Wolken fallen
tomber sous le coup de unter den Artikel des Gesetzes fallen
tomber sous le sens sonnenklar sein
toucher à son terme seinem Ende nahe sein
toucher de près nahegehen
toucher du bois Holz anfassen
toucher la corde sensible den kitzligen Punkt, die empfindliche Stelle berühren
tourner autour du pot wie die Katze um den heißen Brei schleichen
tourner bride schnell wenden; (Zügel herumwerfen)
tourner casaque Partei wechseln
tourner en bourrique einen ganz verrückt machen
tourner la difficulté ein Hindernis umgehen
tourner en dérision, en ridicule zum Narren halten
tourner la tête à jemandem den Kopf verdrehen
tous les goûts sont dans la nature über den Geschmack läßt sich nicht streiten
tout au plus höchstens
tour bien joué ein gut gespielter Streich
tour original originelle Wendung
tout bien compté, considéré alles wohlbedacht
tout compte fait, réflexion faite wohl erwogen
tout de bon ernstlich
tout d'une traite in einem Zug
toute affaire cessante sofort
toute proportion gardée ohne Übertreibung
tout est bien qui finit bien **Ende gut, alles gut**
traîner la savate in dürftigen Verhältnissen leben

traîner un boulet ein jammervolles Leben führen
traiter à forfait ein Geschäft auf Gewinn und Verlust abschließen
trancher dans le vif energische Maßregeln ergreifen
travailler pour des prunes für nichts arbeiten
trier sur le volet mit Bedacht auswählen, sieben
trop parler nuit Reden ist Silber, Schweigen ist Gold
trouver à qui parler seinen Meister finden
trouver à redire à auszusetzen haben
trouver chaussure à son pied das Passende finden (bei Ehen)
trouver le joint die rechte Verbindung finden
trouver son compte à auf seine Rechnung kommen.

V

Valoir la peine de der Mühe wert sein
veiller au grain sehr wachsam sein; (geschäftlich)
vendre au prix de revient zum Einkaufspreis verkaufen
vendre (mettre) aux enchères auf öffentlicher Versteigerung verkaufen
vendre à vil prix unter Preis verkaufen
venir à bout de zu Ende kommen; fertig werden
venir à ses fins seinen Willen durchsetzen
vider la coupe jusqu'à la lie den Kelch bis zur Neige leeren
vider la querelle, la question den Streit schlichten
vider son sac die Meinung sagen, auspacken
virer de bord Richtung ändern; wenden (auf See)
vivre au jour le jour von der Hand in den Mund leben
vivre en bonne intelligence avec in Eintracht leben mit
vogue la galère! komme, was wolle!
voici ce qu'il en est so steht es mit
voici de quoi il s'agit hiervon ist die Rede
voilà ce que c'est que de das hat man davon

voilà le hic da liegt die Schwierigkeit, da liegt der Hase im Pfeffer
voilà où j'en suis in dieser Lage bin ich
voir de loin, au loin hin und wieder einmal sehen
voir de quel bois on se chauffe sehen, wes Geistes Kind man ist
voir de quel côté vient le vent sehen, wie der Hase läuft
voir de quoi il en retourne sehen, was vorgeht, woran man ist
voir le jour das Licht der Welt erblicken
voir le moment ou es kommen sehen
voir venir (quelqu'un) jemanden kommen sehen
voler de ses propres ailes auf eigenen Füßen stehen
vouloir la lune unmögliches wollen
vous y êtes Da haben Sie's!

Y

Y aller de tout cœur mit ganzem Herzen etwas tun
y être pour quelque chose Schuld tragen an einer Sache
n'y être pour rien unschuldig sein
y laisser des plumes Haare lassen
y mettre du sien von Eigenem hergeben
y perdre son latin mit seiner Weisheit zu Ende sein
y prendre goût Geschmack daran finden
y regarder à deux fois sehr vorsichtig sein
y regarder de près etwas genau überlegen, betrachten
y trouver son compte auf seine Rechnung kommen
y tenir Wert darauflegen, daran festhalten.

Kleine Auswahl

von Jargonausdrücken, die schon immer innerhalb der Apachensprache existiert haben, aber nun längst darüber hinaus gedrungen sind.

Familie

le dabe, daron Vater
la dabiche, la daronne Mutter
la belledoche Schwiegermutter
frangin, frangine Bruder, Schwester
mouflets, mômes, lardons, mioches Kinder
souris, pépée Mädchen
mon p'tit pote mein Freundchen

Dummkopf

als harmloses Beschimpfen *cave, ballot, béta, saucisse, cornichon.* Schlimmer ist
corniaud Mischling. Am schlimmsten
connard (da wir wissen, woher das Wort kommt)
faire une connerie eine große Dummheit begehen

Geld

le grisbi, la braise, l'oseille, le fric, le pognon, pèze, galette, les ronds
par ici la bonne soupe her mit dem Geld
manger à plusieurs râteliers wörtl. mit mehreren Gebissen essen, mit aller Welt gut stehen, wenn es einträglich ist

Kein Geld

fauché, sans un, sans le sous, sans un radis
n'avoir pas un rond
être à sec
être dans la mouise
être dans la purée
être raide comme un passe – lacet

Zittern vor Angst

avoir les choquottes, les j'tons, la trouille, la pétoche
il mouille er macht sich naß
suer sang et eau Blut schwitzen
avoir du cran mutig sein

Rennen, sich flüchten

mettre les voiles, mettre les bouts
vent du cul!
se trisser, se tailler

Hinfallen

ramasser une bûche, se casser la gueule, prendre un billet de parterre (sich einen Parkettsitz besorgen)

Mensch, du bist verrückt

avoir une case vide, avoir une araignée au plafond, yoyoter de la touffe, onduler du couvercle, être siphonné

Nase

à vue de nez auf den ersten Blick
le pif, le blair Nase (im Jargon)

au pifomètre instinktgemäß, immer der Nase nach
un drôle de blair eine komische Nase
ne pas blairer quelqu'un jemanden nicht riechen können
il ne voit pas plus loin que le bout de son nez wörtl. nicht weiter als seine Nasenspitze sehen, einen engen Horizont haben

Zuhälter

un Jules, un mac, un proxénéte

Homosexueller

une mignonne, une tapette, une tante
il est de la jaquette flottante
il est de la pédale, tantouse, pédé
il en est

Jemanden umbringen

zigouiller quelqu'un
donner à boire un bouillon d'onze heures

Sterben

avaler son bulletin de naissance, passer l'arme à gauche, bouffer les pissenlits par la racine, canner, crever

Hopfen und Malz verloren

il y a des coups de pieds au cul qui se perdent (wörtlich: Die Tritte, die ich dir gebe, sind verlorene Mühe.)

Wenn einem das Wort nicht einfällt

un bidule, un truc, un machin

Wenn der Name nicht einfällt

machin — chouette, truc

Wasser, statt Wein

Château la Pompe
sirop de parapluie, flotte

Mißglücktes Geschäft

prendre un bouillon

Glück haben, erraten

taper dans le mille

Kopf

nénette, ciboulot, cigare, caisse

Nachdenken

gamberger

Bett

plumard, pucier, pageot, paddock, pieu

vor Einbildung stinken

il pue d'orgueil

aufpassen

faire gaffe

närrisch

loufoque, farfelu
un hurluberlu

Regen Sie sich nicht auf, lassen Sie die Dinge wie sie sind

laisser pisser les mérinos (moutons)

INHALT

SACHBUCH

Als Band mit der Bestellnummer 63 055 erschien:

Will Durant

DIE GROSSEN DENKER

Die Biographien der bedeutendsten Denker des Abendlandes fügen sich in der Darstellung Will Durants zu einer einprägsamen Geschichte der Philosophie – von ihren Anfängen bis ins 20. Jahrhundert.
Anschaulich schildert er Leben und Werk der Philosophen und führt den überzeugenden Beweis, daß Philosophie nicht trockene Denkgymnastik für einige wenige sein muß, sondern lebendig und verständlich dargeboten werden kann. Sein Buch bietet die Chance eines faszinierenden Einstiegs in die Ideengeschichte der Menschheit.
Der amerikanische Philosoph und Kulturhistoriker William James Durant, geb. 1885 in North Adams (Mass.), gehört zu den bekanntesten Autoren dieses Jahrhunderts. U. a. erschienen von ihm die GESCHICHTE DER PHILOSOPHIE und eine 18-bändige KULTURGESCHICHTE DER MENSCHHEIT.

SACHBUCH

In dieser Reihe sind bisher erschienen:

63060 Paul Medina
FRANZÖSISCH, WIE ES NICHT IM WÖRTERBUCH STEHT

63061 Arthur Steiner
ENGLISCH, WIE ES NICHT IM WÖRTERBUCH STEHT

63068 Arthur Steiner
AMERIKANISCH, WIE ES NICHT IM WÖRTERBUCH STEHT

63070 Gianni Silvani
ITALIENISCH, WIE ES NICHT IM WÖRTERBUCH STEHT

63071 Jaime Perales / Renata Gossen
SPANISCH, WIE ES NICHT IM WÖRTERBUCH STEHT

63072 Hans Eideneier
NEU-GRIECHISCH, WIE ES NICHT IM WÖRTERBUCH STEHT

BASTEI LÜBBE